高情商管理

三分管人，七分做人

王慧梅　编著

扫码收听全套图书

扫码点目录听本书

成都地图出版社

图书在版编目(CIP)数据

高情商管理:三分管人,七分做人/王慧梅编著. — 成都:
成都地图出版社有限公司, 2018.10(2023.3 重印)
ISBN 978 - 7 - 5557 - 1079 - 0

Ⅰ. ①高… Ⅱ. ①王… Ⅲ. ①企业领导学 – 通俗读物
Ⅳ. ①F272.91 – 49

中国版本图书馆 CIP 数据核字(2018)第 237943 号

高情商管理:三分管人,七分做人
GAO QINGSHANG GUANLI:SAN FEN GUANREN,QI FEN ZUOREN

编　　著:王慧梅
责任编辑:陈　红
封面设计:松　雪
出版发行:成都地图出版社有限公司
地　　址:成都市龙泉驿区建设路 2 号
邮政编码:610100
电　　话:028 – 84884648　028 – 84884826(营销部)
传　　真:028 – 84884820
印　　刷:三河市宏顺兴印刷有限公司
开　　本:880mm × 1270mm　1/32
印　　张:6
字　　数:136 千字
版　　次:2018 年 10 月第 1 版
印　　次:2023 年 3 月第 16 次印刷
定　　价:35.00 元
书　　号:ISBN 978 – 7 – 5557 – 1079 – 0

前　言

　　管理之难莫过于管人，管人之难莫过于管心。

　　有人常叹言："做人难，人难做。"的确，怎样做人是我们在现实生活中必须面对的，而且是一个很难一下子就解决好的问题。古人云："欲成事先成人。"这是人一生做人做事的准则。唯有懂得了做人的哲学，才是促进自己、发展自己和成就自己人生之道的最佳选择。领导者的人格魅力得到提升，自然会引发下属的认可与追随，许多管理上的问题便可迎刃而解。

　　高情商的人善于处理做人的问题、赢得他人的尊重和社会的认可，同时也发展和提升了自己，更容易获得成功。提高情商就要从我们自身开始，从提升我们个人的修养和素质开始。"做人"对于每一个人都是很重要的。"人"是通过"做"而成，"做"的行为、实践使得一个人成为"人"。

　　正人先正己，做事先做人。情商是一种洞察人生价值、揭示人生目标的悟性，是一种克服内心矛盾冲突、协调人际关系的技巧，是一种生活智慧。做任何事，都要先从做人开始。两千多年前荀子就提出："君子博学而日参省乎己，则知明而行无过矣。"在这纷繁复杂的社会中，学会做人，用一颗平常心去面对世间的人与事，遇事冷静、不浮躁，这样更容易得到别人的认可与接受，曲高和寡者终究会因不适应周围环境而被淘汰出局。 做人是大难事，也是一种高深的境界。 从普通平凡到不普通、不平凡，从不普通、不平凡上升到超凡脱俗，再从超凡脱俗上升到鹤立鸡群，这就达到了"做人"的最高艺术境界。

　　管理的本质就是以人为本。 把自己做好了，才能高情商管理好人，事情自然就好办了。

2018 年 9 月

目 录

第一章
正人先正己，做事先做人

扫码收听全套图书

扫码点目录听本书

修己才能安人

扫码点目录听本书

管理是修己安人的过程。 管理的目的，就是一个"安"字。 所谓安，就是全面地提高品质，包括管理者和员工的品质。 "修身、齐家、治国、平天下"，在中国传统的道德思想中，修身俨然列于首位，是筑起"家国天下"的传统理想的基础。 "惟贤惟德，能服于人"，如果想要他人信服于你，就一定要具备贤德之能。 做管理更要如此，只有让人心安的管理者，才可得到他人的追随。

习惯决定性格，性格决定命运。 管理者若想成为合格的领袖，就必须培养以下七个重要的性格特质：

1. 诚信

人无信不立，诚信是立身处世的准则，亦是衡量一个人品行的标准之一，诚信的人给人一种正直、务实、有道德的感觉。

"诚信"的管理者的特点：

在道德缺失的社会中绝不会随波逐流；具有极高的品牌价值且不会崩塌；永远不会缺少老客户；不管做什么，都不会靠不住。

"诚信"如何树立？

做不了的事情不轻易承诺，答应了就要做到；不经常喊虚的口号；停止一切"不道德"的手段；耍弄"小聪明"是走向"不诚信"的必经之路；产品或服务的诚信代价就是品牌的成本。

2．积极

积极的思想产生积极的行动，内心积极的人会给人坚持、投入和认真的感觉。

"积极"的管理者的特点：

做任何事情一定会主动出击；不会在计划实施的过程中半途而废；遇到不顺有能力扭转形势；在被人赏识时不会表现平平、错失良机。

"积极"如何建立？

每天做一件实事；找到一两件无论如何都要坚持做到的小事；在公司或团队士气低落时展示阳光乐观的个性；遇到不顺马上重新寻找突破口。

3．沉稳

人的外在与内在息息相关，内在有什么样的素质，外在就会有什么样的表现。一个内心沉稳的人，一定会给人镇定、冷静、坦然的感觉。

"沉稳"的管理者的特点：

遇到公司危机不会惊慌失措；面临有人"叛变"，不会一筹莫展；遇到市场逆境不会无计可施；面对重要投资决策不会草率行事。

"沉稳"如何磨砺？

不要轻易显露你的情绪，做到凡事处之泰然；不要逢人便讲你的困难及遭遇，更不要抱怨；把话留到后面讲；重要决定要与人磋商，至少做到隔夜再进行发布；走路及说话时不要紊乱。

4. 胆识

聪明出众谓之英，胆识过人称之雄。一个人有胆识，其外在表现就是强势、果断、冒险。敢于冒险才能成就不凡的事业。

有"胆识"的管理者的特点：

在需要力排众议的时候不会瞻前顾后；不会在发现难得机遇时犹豫不决；绝不会一再容忍不能再用的人；在应该果断处置的当下不会畏首畏尾。

"胆识"如何铸就？

不要经常使用缺乏自信的词句；不要经常反悔，轻易推翻已经决定的事；在众人争执时有自己的主见；面对不公正、不仁义之事不能一味沉默；不要不好意思处罚犯错的员工；想好退路，然后鼓励自己放手一搏。

5. 细心

中国伟大思想家老子曾说："天下难事，必作于易；天下大事，必作于细。"细心之人，给人的感觉一定是谨慎、缜密、专业和完美。

"细心"的管理者的特点：

不会空喊目标和口号，而是制定策略贯彻执行；不但把事情做对，还会把事情做好；在竞争中总会快竞争对手一步，高人一档；总会在执行过程中，看出决策的破绽和漏洞。

"细心"如何培养？

经常思考身边所发生之事的因果关系；对于执行不到位的问题，要去挖掘其根本症结；要善于对习以为常的做事方法提出改进或优化建议；养成有条不紊和井然有序的习惯；随时随地对不足的地方"补位"。

6. 担当

面对难事大事，总是推卸责任或消极逃避的人，如何能承担起重任？ 能成大事者，一定是勇于担当的人。 有担当的人给人的感觉是负责、明快和直率。

有"担当"的管理者的特点：

出现任何问题都不会逃避；遇到慌乱不会临阵脱逃；不会粉饰太平；下属犯错依然会承担起责任。

"担当"如何打造？

遇到过失，先从自身反省找原因；项目结束先审查过错再列出功劳；开始计划前要先确定责任和权利。

7. 大度

胸怀的大小决定了成就的大小和品牌的高低。 海纳百川，有容乃大，内心大度的人表现出来的是一种宽容、慷慨、谦和与分享。

"大度"的管理者的特点：

遇到不同的声音或意见绝不刻意打压；下属会非常忠诚，不会纷纷离开；在竞争激烈的市场中不会到处树敌。

"大度"如何修炼？

不要将伙伴变成对手；不要斤斤计较别人犯下的小过错；尽量避免因权力产生的傲慢和因知识产生的偏见；经常与人分享成果和成就；当遇到需要奉献或牺牲时走在最前面。

做人要自信，不要自负

美国作家爱默生说："自信是成功的第一秘诀。""自信是英雄主义的本质。"人类心理素质中最基本的内在品质之一就是自信，自信也是人格结构中的基本因素，它代表着一种优秀的心理品质和积极乐观的人生态度。 积极的人生态度也就是一种自己对自己的承认、肯定、认同和支持的态度，也包含着自己对自己的思绪、感觉、观点和评价。 人不只要有本事、有能力，还需要有自信，有了自信，可以产生 $1+1>2$ 的效果，而人假如缺少自信，那他就连自己最基本的水平也不能正常发挥。

丘吉尔的前半生充满了艰辛和曲折，直到 62 岁才当上首相。丘吉尔在回忆录中这样记述："相信自己，才会成功。"

丘吉尔在爱尔兰出生，七岁入学读书，直到中学毕业，他的学习成绩一直不好，老师觉得他智商低下、迟钝，不会有太大的出息。但丘吉尔一直对自己充满信心，他苦读英文，又到印度从军，并利用那段时间翻阅各种图书。

历经磨炼，丘吉尔最终成了一个优秀的政治家，他掌握了四万个英语单词。后来，他当选英国首相，带领英国人民取得了反法西斯战争的伟大胜利。

美国的一位心理学家曾经作了这样一项调查研究：某中学新生开学的第一天，他在其中的一个班宣布："你们是经过挑选出来的最有发展潜力的学生，你们的未来不可估量。"之后，他再也没有露过面，但他一直记得自己说过的话，而且密切关注着这些学生。经过十几年追踪研究，得出了惊人的结果，这个班的人确实像他说的那样，个个出类拔萃。有的成为科学家，有的成为工程师，有的成为著名律师。

难道真的是因为那些学生聪慧过人，才智非凡吗？不，他们只是被随机挑出来的，和别的普通的学生没什么两样。其实关键在于，他们认为自己就是最好的，并且让自己一直朝着最好的目标奋斗，心理学家的话给了他们无穷的力量和信念。这种信心给平常的学习添加了无穷的动力，即使一些过去很普通的学生也逐渐意识到自己"一定能成功"，战胜了过去的自卑心理，取得了意想不到的成绩。

自信就是成功的阶梯，中国乒乓球队之所以能够去拼去争，屡屡夺冠，除了本身过硬的实力之外，面对对手那种毫不畏惧的自信也是让他们在比赛中发挥自如的重要因素。另外，一些没有绝对实力的选手也经常能在比赛中发挥超常，靠的也是高人一筹的自信。也就是说，有自信不一定能成功，但如果没有自信，就一定不会成功。

和自信相伴的一个词是"自负"。自负和自信不是等同的，自信者是相信自己，但尊重对手，对客观形势有着冷静的分析和判断，自信却不盲目，乐观而不失谨慎，能够最大程度地发挥出自己的优点。而自负者眼中无人，对自己的实力盲目乐观，不了解具体形势的变化发展，一意孤行，最后难免要栽跟头。

《三国演义》中威震天下的第一勇将吕布，就是个自负的典型。凭借自己的精湛武艺和勇猛，完全不把对手放在眼里。不仅如此，他也蔑视自己的部下，经常打骂手下的将官，谋士陈宫多次为他献策他都不予理睬，固执己见。即便曹操兵临城下、敌众我寡之际，他仍在貂蝉面前不知深浅地狂妄叫嚣着："汝无忧虑。吾有画戟、赤兔马，天下人谁敢近我？"最终，他因手下的叛将和敌人里应外合，葬送了性命。

　　无独有偶，关羽也是当之无愧的名将，武功和谋略都十分了不起，但也比较自负。在镇守荆州之时，他"单刀赴会""水淹七军"，让敌人闻风丧胆，从而变得愈加得意忘形，十分自傲。孙权向他提出联姻，他竟然说："吾虎女，安能嫁犬子乎？"东吴的吕蒙和陆逊巧妙地利用了他自以为是、蔑视敌人的缺点，白衣渡江，奇袭荆州，不可一世的关云长最终败走麦城，落得个身首异处的悲惨结局。

　　自负者虽然也有非凡的才华，过硬的实力，但又往往狂妄自傲，自以为是，总觉得自己说出的话就是金科玉律，做的事都是不可挑剔的。他们习惯了成功，听惯了别人的称赞，听不进逆耳忠言，从来都不相信失败，即使失败了也不会承认，更不知道失败后去做什么。因为他们觉得：接受失败就是否定自己，会让自己名誉扫地。这种人相信自己的经历，"我过的桥比你走的路都多，我吃的盐比你喝的水都多"。不愿意接受新鲜事物，看不起年轻人。 当实际情况发生改变时，他们还是按照自己屡试不爽的那一套来应对，以不变应万变，即使撞了南墙也不回头。

自信者乐观豁达，不仅自己充满信心，还可以用这种情绪感染别人，鼓励别人，遇事冷静沉着，失败了坦然面对，有错必改，吸取教训，重新开始。 同时，他们也乐意虚心向他人请教，听取建议。 另外，他们谦虚谨慎，知道自己还有许多东西需要学习，人外有人。 人们不仅敬佩他们的自信，更敬仰他们的人品，愿意与他相处。 自负者却始终是一种"独行侠"的形象，孤芳自赏，总认为"离开了自己地球就停止了转动"或"看，这事你们还是得求我吧"。 对很多小事不屑于理睬，好像自己生来就是要做大事的。 这样的人很难让别人接近，他们自己也不乐意和所谓的"平庸之辈"为伍。 虽然有时一些人有求于他们，不得不与之结交，但事实上没有几个是真心想和他们交心、做无话不谈的好友的，事办完了，关系也随之结束。

《龟兔赛跑》中的兔子倚仗自己跑得快就安心地睡大觉，最后败给了坚持不懈的乌龟。 自信给人增加了成功的筹码，自负让人停滞不前，终究摆脱不了失败的命运。 学会自信，路会越走越宽；放弃自负，胜败乃兵家常事。

诚实的品德胜过一切

很久以前，有一位圣明而受人爱戴的国王，他把国家治理得井井有条。国王年纪渐渐大了，但膝下并无子女。最后他决定，在全国范围内挑选一个孩子作为义子，培养成未来的国王。

国王选子的方式很独特，给孩子们每人发一些种子并宣布，假如谁用这些种子培养出最美丽的花朵，那么谁就可以作为他的义子。

孩子们领回种子后，开始精心地培养，每天浇水、施肥、松土，谁都盼望自己能够成为幸运者。

有个叫雄日的男孩，也每天精心地培育着花种。可是，十天过去了，半个月过去了，花盆里的种子连芽都没冒出来，更说不上开花。国王决定观花的日期来临了，无数个衣着漂亮的孩子涌上街头，他们各自捧着开满鲜花的花盆，用期盼的眼神望着前来巡视的国王。国王环视着争奇斗艳的花朵与漂亮的孩子们，并没有像大家想象中的那样高兴。

忽然，国王看见了捧着空花盆的雄日。他闷闷不乐地站在那里，国王把他叫到跟前，问他："你怎么端着空花盆呢？"

雄日抽噎着，他把自己如何精心培育花种，但花种怎么也不发芽的经过说了一遍。没料到国王的脸上却露出了最开心的笑容，他把雄日抱了起来，高声说："孩子，我找的就是你！"

"为什么是这样？"大家不解地问国王。

国王说："我发下的花种全部是煮过的，根本就不可能发芽开花。"

捧着鲜花的孩子们都低下了头，因为他们全部都播下了另外的种子才得到鲜花。

在大多数人心里，觉得"老实人吃亏""老实就是无能的代名词"，这种偏见是非常有害的。过去有"三老四严"的说法，"三老"就是"做老实人，说老实话，办老实事"，很多事实表明，诚实的人并不吃亏。诚实是立足于社会，做人做事的重要品质。

日本山一证券公司的创始人小池田子说："做生意成大事者第一秘诀就是诚实，诚实就像是树木的根，假如没有根，树木就不能生存了。"这的确是小池的经验之谈，他正是依靠诚实而起家的。

小池田子20多岁时开小池商店，同时在一家机器制造公司当推销员，曾有一个阶段，他推销机器很成功，半个月内便跟33位客户签订了契约，并收了定金。之后，他发现所卖的机器比别的公司生产的同样性能的机器要贵，感到很不安，立马带着契约书和定金，整整花费3天的时间，挨家挨户地去找客户，诚实地说明他所卖的机器价格比别人卖的机器要贵，请他们废弃契约。

这使客户颇受感动，最终33人中没有一个毁约，反而对小池田子极其信任和敬佩。消息传开后，人们认为小池田子经商诚实，纷纷前来他的商店购买货物或者向他订购机器。诚实使小池田子财源滚滚，最终成了大企业家。

诚实是我们每个人必备的基本品质，它是一个人的立身之本和成功之源。做人要从诚实开始，从小培养诚实的优良品质，才能取得成功。

诚信是一笔无形的财富

诚信对一个人、一个企业都是无形的财富，是一笔巨大的无形资本，无论是个人还是团队坚持走正直诚实的道路，必定会实现良好的愿景。相反，如果缺失诚信，事业就缺少了发展的基础。

正如著名翻译家傅雷说的："一个人只要真诚，总能打动别人的心，即使人家一时不了解，日后便会了解的。"领导者如果能够以诚待人、以诚做事，一定会得到越来越多的支持和帮助，事业一定会开创出一个崭新的局面。

早在500多年前，有一个名叫支巴那的英国人，他是一个海上贸易商人。为了避开激烈的海上贸易竞争，他决定带领几名船员出航，试图从英国往北开辟一条新的到达亚洲的航行路线。一天晚上，他们到了北极圈内一个不知名的岛屿，一时狂风大作，他们不得不停下。可是就在第二天早上，他们却发现自己的船航行在海面的浮冰里，这时他们才意识到被冰封的危险迫在眉睫。经过艰苦的努力，他们也没能摆脱困境，最终不得不放弃返航的努力，把船停泊在岛屿旁边。

随后，他们面对的是恶劣的天气，北极圈一年只有几个月暖和的天气，冬季漫长而寒冷，冰冷刺骨的寒风异常凶猛、肆虐。没有人类生存的岛上覆盖着几米厚的积雪，这些雪被零下40℃～50℃的严寒冻结得像花岗岩一样坚硬。再加上北极圈内经常降暴风雪，无论如何他们暂时是无法走出北极圈了，支巴那和船员们只有在这荒芜的岛上度过这个冬季。

有船员提议不如用船上的衣物与食品来维持生命，船长支巴那坚决反对，他让船员们拆掉除装载货物的其他船只，靠这些燃料来抵抗严寒，靠打猎来获得生存的衣服和食物，就这样他们期待着冰雪消融的一天。在这样恶劣的险境中，多数船员死去了。船长支巴那和他的水手们却做了一件令人难以想象的事情，他们丝毫未动别人委托给他们的货物。

漫长的几个月后，幸存的支巴那船长和几名船员把货物几乎完好无损地带回英国，送到委托人手中。支巴那船长和船员们的做法震动了整个欧洲，海上贸易也取得巨大的反应，欧洲其他国家也被他们如此诚信的做法打动了，纷纷要求与其合作。

支巴那船长和他的水手们不惜以生命为代价，坚持诚信的信念，对整个英国的海上贸易起到了巨大的推动作用，以至于到后来英国的贸易几乎延伸到地球的每一个角落，成为整个世界的经济中心和最富庶的地区。他的事例充分说明了诚信甚至比生命还重要。

诚信虽然并不是看得见的实物，但它永远如同传感器一样被员工、客户及合作伙伴敏锐地感知。当诚信成为一个人的标志时，这个人不仅具有高度的号召力，还会赢得客户及合作伙伴的高度信赖。

做人应相互尊重，与人为善

林肯住在印第安纳州鸽湾谷的时候，年纪轻轻，喜欢点评是非，还经常写信和作诗嘲讽别人。

1842 年秋，他又在报上写了一封匿名信嘲讽当时的一位自视清高的政客詹姆士·席尔斯。席尔斯狂怒不已，终于查出写信者是林肯，他立刻骑马找到林肯，下战书要求决斗。林肯并不喜欢决斗，但迫于情形，只好被迫迎战。他选择骑兵的腰刀作为武器，同时向一位西点军校毕业生学习剑术，准备到决斗那一天背水一战。幸好这场决斗在最后时刻被人阻止了，否则很难想象"两虎相争，必有一伤"会造成怎样的局面。

这是林肯一生中最深刻的一个教训，从那以后，他学会了与人相处的艺术。他再也不写信骂人、随意嘲弄人或为某事而讽刺别人了。他真正体会到了一个自尊心受到伤害的人会有怎样可怕的举止。

南北战争的时候，林肯新任命的将军在战争中屡次惨败，使林肯相当失望。全国有一半以上的人都在咒骂那些没用的将军们，但林肯却一言不发。他喜欢引用一句话："不去评议别人，别人才不会评议你。"

当林肯太太和其他人对南方人士做出批评的时候，林肯却总是回答说："不要批评他们，假如我处在那样情况下，也会跟他们一样的。"

或许，任何时候都要照顾到别人的自尊心，这就是林肯与人相处的艺术，也是他的成大业之道。

身上具有唯我独尊这种缺点的人，一般想当然地以为这种态度是那些伟大人物或领袖们才具有的，它是充满自信的表现。但他们错了，那些伟大的人物或领袖们之所以能名扬海内外，得到众多人的尊重和认可，并不是因为唯我独尊，而是由于他们尊重别人，他们向来不说太过自大的话。正是这种愿意和普通人交往，而不是在他们中间显得高高在上的品质，才使他们取得了真正的成功。

富兰克林有一种很好地避免唯我独尊的方法，那就是他形成了一种习惯，在他发表自己的意见时，用一种相对模糊灵活的言辞，以至40年之中，没有一个人觉得他说话武断。

这里有一条很好的交际法则：不要说太过自信的话。假如你能坚持这一条原则，那么你在将来发现你曾经说过的话有错误时，也不用急着收回你以前所说的话。你应该明白：你所表达的含义或信仰，毕竟还只是你个人的意见和信念而已，而别人也还依然保留着他自己的意见和信念，并且拥有取舍的权利。能做到这一点，别人自然不会盯着你的错误不放，对你来说，也不用为了所谓的面子而坚持错误，如此一来，自然就避免了进入唯我独尊的可怕境地了。

自尊心是每个人都拥有的，不管是一国领袖，还是沿街乞讨的流浪者。但是，在待人处事方面，我们往往是过度地强调了自己的自尊心，而置别人的自尊心于不顾。

许多人看别人不顺眼就想指责，别人一有失误就抓住"把柄"加以"发挥"，仿佛这样才能使自己心情愉悦，但谁又能去想到那些自尊心被深深伤害了的人的感受呢？

人们往往只喜欢玫瑰花而不喜欢玫瑰的刺。 指责像根刺，稍不留意就会把别人的自尊心刺伤，批评也常常收不到预期的效果，相反会引起对方的不满情绪和反抗心理。 更危险的是，指责还会严重伤害一个人的自尊心。 所以，我们应尝试着体会别人的心情，采用心平气和的方式开导他们，这样会更容易让人接受。

自知之明让你情商更高

　　人贵自知，有自知之明的人，知道自己的优点和弱点，知道自己应该做什么，不该做什么，同时也会得出自己能做什么的结论。　知道自己想要追求什么，才会变得更强大；懂得避开自己的弱点去做事情，就会减少错误的机会。　这不仅只是自知，还是借鉴他人的经验教训，避免自己走弯路，使自己陷入不利的境地。

　　一个圆滚滚的鸟蛋，不知为什么，忽然从灌木丛上的鸟窝里骨碌碌地滚了出来，跌在灌木丛下厚厚的落叶上。奇怪的是居然没有跌破，一切完好如初。

　　鸟蛋得意了，对着鸟窝大声笑着说："哈哈，我是一只跌不破的鸟蛋！你们谁有我这样的本事，就跳下来比试比试看！"窝里的鸟蛋们听了，一个个探出头来看了一眼，吓得忙缩进头说："我们害怕，不敢跳呀。""哼！我早就料到你们没有这个胆量！"地上的鸟蛋神气地向窝里的鸟蛋们大声嘲笑起来。

　　这只鸟蛋在地上滚来滚去，一会儿滚到一棵小草边，碰了碰小草，小草连忙仰起身子往后让；一会儿鸟蛋又滚到一株树苗边，撞了撞树苗，树苗也仰着身子，给它让路。

　　鸟蛋更得意了。它认为自己力大无比、天下无敌，更加勇气十足地在山坡上滚过来，滚过去。就在鸟蛋得意之时，被山坡上一块小石头挡住了去路。鸟蛋气愤道："居然敢挡我鸟蛋的去路？"小石头昂着头说："一个鸟蛋对我也如此神气？"鸟蛋更气愤了，说："小草和树苗都已经领教过我的厉害，别人怕你小石头，我可不怕。"

这时鸟蛋为了显示它的勇气，不听小石头的警告，鼓足气猛地一滚，向小石头冲去。只听到"啪"的一声，鸟蛋碰得粉碎，流出一摊蛋汁。

小鸟蛋在一次又一次"畅通无阻"之后，过于沉浸于自己取得的成就，沾沾自喜，不能自拔，于是变得盲目自大，更加猖狂。它没有看清自己的处境和地位，以至于敢与比自己强大百倍的石头碰撞，所以它的结局就只能是自取灭亡。

能够客观评价自己的人通常都非常了解自己的优劣势，因为他时时都在仔细检视自己。能够时时审视自己的人，一般都很少犯错，因为他们会时时考虑：我到底有多少力量？我能干多少事？我该干什么？我的缺点在哪里？为什么失败了或成功了？这样做就能很快地找出自己的优点和缺点，为以后的行动打下基础，这就是自知之明。

人需要有自知之明。特别是在身处困境，地位低下的时候，一个人更应该反省自身，多思考一下自己的缺陷和不足，只有这样才能找到差距，才能找到奋斗的方向，迎来成功的那一天。看清你自己是你成功的必然，你不能因为境况的不如意而迷迷糊糊。只有正确地认识自己，评价自己，找到不足和差距，你才能不断取得进步，走出困境，走向成功。

一位叫亨利的青年移民站在河边发呆，他不知道自己是否还有活下去的必要。亨利从小在福利院长大，身材矮小，不漂亮。所以他一直很瞧不起自己，认为自己是一个既丑又笨的乡巴佬，他连最普通的工作都不敢去应聘，他没有工作，也没有家。

　　就在亨利徘徊于困境的时候，与他一起在福利院长大的好朋友约翰兴冲冲地跑过来对他说："亨利，告诉你一个好消息！我刚刚从收音机里听到一则消息，拿破仑曾经丢失了一个孙子，播音员描述的相貌特征，与你丝毫不差！"

　　"真的吗，我竟然是拿破仑的孙子？"亨利一下子精神大振。联想到爷爷曾经以矮小的身材指挥着千军万马，用带着泥土芳香的法语发出威严的命令，他顿时感到自己矮小的身材同样充满力量，讲话时的法国口音也带着几分高贵和威严。

　　第二天一大早，亨利便满怀自信地来到一家大公司应聘。他竟然应聘成功了。20年后，已成为这家公司总裁的亨利，查证自己并非拿破仑的孙子，但这早已不重要了。

　　人贵有自知之明，难得真正了解自己，战胜自己，驾驭自己。自以为自知同真正自知不同，自以为了解自己是大多数人容易犯的毛病，真正了解自己是少数人的明智。

　　尼采说过："聪明的人只要能认识自己，便什么也不会失去。"可是认识自己并不简单，有些人不是以为自己一无是处而自卑，就是以为自己无所不能而自负，自卑与自负的极端表现，是因为对自我的认识有了偏差。 正确认识自己，才能使自己充满自信，才能使人生的航船不迷失方向。 正确认识自己，才能确定人生的奋斗目标。 只有有了正确的人生目标，并满怀自信，为之奋斗终生，才能此生无憾，即使不成功，自己也会无怨无悔。

客观地评价自己，给自己一个准确的定位，清醒地认识到自己还存在哪些不足，并且在此基础上找到需要改进的地方，加强学习的力度。 这样才能够真正有效地提高自己。

自知之明与自知不明虽只有一字之差，但却是两种结果。自知不明的人往往昏昏然，飘飘然，忘乎所以，看不到问题，摆不正位置，找不准人生的支点，驾驭不好人生的命运之舟。自知之明关键在"明"字，对自己明察秋毫，了如指掌，因而遇事能审时度势，善于趋利避害，很少有挫折感，其预期值也会更高。 在遭遇挫折的时候，不要妄自菲薄，也不要自视过高，正确地衡量自己，读懂自己，发现不足，弥补缺陷，你就能改变现状，获得成功。

哈佛教授告诉我们，自知之明不仅是一种高尚的品德，更是一种高深的智慧。 高情商的人都有自知之明。 一方面，他们能看到自己的缺点；另一方面，他们又会经营自己的优势。

反省任何过失，先从自身开始

　　有一个年轻的农夫，划着小船，给临近村子的居民运送自家种植的粮食。那天的天气酷热难耐，农夫汗流浃背，苦不堪言。他心急火燎地划着小船，希望赶紧送完，以便在天黑之前能回到家中。农夫突然发现，前面有一只顺流而下的小船，正在飞速地迎面驶来。眼见着两只船就要撞上了，但对面那只船丝毫没有避让的意思，好像是特意要撞翻农夫的小船。

　　"让开，你这个白痴！快给我让开！"农夫冲着对面的船大声怒吼。但农夫的吼叫完全没起作用，对方一点都没避开。眼见着两条船越来越近，农夫手忙脚乱地企图让开水道，但为时已晚，那只船还是重重地撞上了他的小船。农夫彻底被激怒了，他厉声呵斥道："你会不会驾船？那么宽的河面，你竟然还撞我？"然而当那只船从他侧面漂过的时候，农夫惊讶地发现小船上空无一人。原来他大呼小叫、厉言斥骂的只是一只脱了绳索、顺河漂流的空船。

　　有的管理者只会埋怨别人，而不知自省，问题一来就往外一摆："出问题了啊，谁的事谁负责。"事实上，到最后也不会有人出来主动担责，大家只会推来推去。"和稀泥"不能解决问题，最好的方法是每个人先自我反省、自我检讨，然后再去关心别人有没有过失。

"九思"是一门必修课

《论语》有一句话:"君子有九思。视思明,听思聪,色思温,貌思恭,言思忠,事思敬,疑思问,忿思难,见得思义。"意思是说君子看问题要透彻,对别人反映的问题要听端详,对人面容要温和,仪容要恭敬,说话要诚实,做事要谨慎认真,有疑问要向别人请教,气愤的时候要想到可能带来的灾患,有所收获时就要仔细想一想其中的原因。

这段话的核心是讲"思",其实质是用脑想问题。"九"是阳数之极,所以孔子以九思概述,意思是说要多方面思考、多角度想问题。在企业管理中,一名优秀的管理者同样要从这九个方面严格要求自己,从而进行对照以提升自身修养。

(1)要有透过现象看本质的眼光,即"视思明"。看人看事要分得清是非,辨得明真假,要把人和事看得通透才能想得明白,看人要有眼光、眼力和眼界。遇到问题要考虑清楚,眼界要开阔,要做到站得高,看得远,不能一叶障目不见泰山。在一些重大问题上要有长远的眼光,运筹于帷幄之中,决胜于千里之外。不能只看眼前利益,追逐蝇头小利。

(2)要善于倾听,即"听思聪"。耳聪才能明辨,管理者要会听,善纳"基层之音",多多听取下属的想法、意见,虚心听取来自不同角度的声音,并要听进心里,并针对此信息进行调查考证。不要迷失在歌功颂德的言语中,要善于在异口同声中听出"弦外之音"。

(3)要有平和的态度,即"色思温"。管理者在日常的人际交往中要心境平和，有一种"不以物喜，不以己悲"的心理素质。 工作中，对待下属及同事应该有平和的心态、温润的言语，要心怀宽广，有容乃大；在人际交往中要处变不惊，潇洒自如。

（4）要有得体的举止，即"貌思恭"。 这里强调的是待人处事的仪容要恰到好处。 优秀管理者不仅透彻领悟人性，而且具有正直、高尚的人格，他们总是厚德待人，即平等、真诚、宽容地对待他们的下属与上级。

（5）要有诚信，即"言思忠"。 孔子一直倡导"言必信，行必果"的思想。 优秀管理者要言行一致，说出的话掷地有声，常言道"君子一言，驷马难追"。 "言必信，行必果"是人际交往中的一条基本原则，因为它可以促进人与人之间关系的和谐与美妙。 这就要求管理者说话应表里如一，真诚坦率地与人交往，把真实的自己展现给对方，不刻意隐瞒自己的看法和真实感情。

（6）要敬业，即"事思敬"。 管理者在工作中要做到敬业，做每一份事业都需要全心全意，都要全情投入。 没有随随便便就能做好的事情，只有仔细思考，周密准备，态度认真，才能把事情做好。 作为管理者，敬业精神是干好管理工作的基石。

（7）要有不耻下问的精神，即"疑思问"。 人非生而知之者，孰能无惑？ 关键在于遇到问题要多问。 只有不断发现问题，不断思考问题，才能不断解决问题，才能不断进步。 管理者要好奇，遇到疑惑要想到发问。

（8）要学会节制自己，即"忿思难"。 管理者要学会管理和掌控自己的情绪，要懂得节制自己。 俗话说"忍一时风平浪静，退一步海阔天空"。 总结前人的经验，要做到"忿思难"，关键是练就一个"忍"字。 所以小忿要忍，大忿也需要忍气制怒。

（9）要取财有道，即"见得思义"。 管理者不要被利益所迷惑，见到利益时要考虑到是否合乎道义。 优秀管理者应该洁身自好，淡泊名利，重义轻财，先义后利，严守道德底线，不为金钱所困，不为名利所惑，不为权欲所制，在利益面前坚守自己的道义标准。 君子爱财要取之有道，切不能把道义放两旁，把"利"字摆中间。

情绪不稳定，则管理不稳定

人是情绪化的动物，有喜怒哀乐，但如果不善于控制自己的情绪，情绪之波就会恣意翻腾，造成灾难。企业的经营是由人操持的，若管理者情绪不稳定，把情绪掺入管理之中，企业的经营管理被其情绪左右，就会影响企业的运行和工作的效率，给企业造成损失。

动辄发怒是管理者不善控制情绪的最显著表现。除此之外，焦虑不安、暴躁易怒、态度激烈、绝望沮丧等，都表示管理者情绪不稳定。情绪不稳定的管理者，经常神经质地摇动身体，或者整天匆匆忙忙。他们往往无法对一种工作长久地集中精力。在旁人的眼中，这些人忙忙碌碌，仿佛有充沛的精力，但实际上他们做事常常半途而废。

管理者的情绪在管理上常体现为朝令夕改，缺乏原则，风一阵雨一阵。管理者除了会把内心不平稳的情绪直接传给下属外，还间接地通过反复改动的行政命令干扰下属的工作。

某公司创立伊始，管理者常常苦思冥想生财之道。一天忽有新的构想，于是兴奋地让下属奔忙实施。过了两天，想想不妥，便又命令下属停止工作，再想新办法。如此反复多次，下属就再没有以前的热情了，管理者再有好主意，下属也振作不起精神来。问起公司现在的工作，大家面面相觑，终有一个人没好气地说："谁知道他呢？一天一个样，天天新花样。"这个管理者因为急于求成，情绪急躁，疏于管理，让下属疲于贯彻他那些不切实际的命令，终于激起了下属的不满，妨碍了工作的进展。

另外有些管理者，由于自卑，拿不定主意，或者因为缺乏全盘考虑，匆匆做出决定，又匆匆地更改，也会出现朝令夕改的现象。 如果之前的要求是宽松的，之后的要求是严格的，那么招来的非议会更甚。

例如，某一公司第一季度取得很好的业绩，结算下来有较大盈利。 总经理未经周密考虑就接受别人的提议：提高员工待遇。 于是公司上下皆大欢喜。 岂料第二季度因市场竞争激烈，一番拼杀激战下来公司却出现了赤字。 这时是应该降低员工的待遇还是要维持下去？ 管理者坐困愁城。

胸怀宽度决定事业高度

有人问孔子："以德报怨何如？"孔子答："何以报德？以直报怨，以德报德。"由此看出，孔子不赞成用恩德来报答怨恨，他主张以直道而行，是是非非，善善恶恶，对你好的，你当然对他好；对你不好的，你可以不记恨他就是了。 用今天的话来说，做人要有一颗包容之心。

仙涯和尚在博多寺任住持时，学僧甚多，僧徒中有一名叫湛元的弟子。城里花街柳巷很多，湛元时常偷偷地爬过院墙，到花街去游乐。他的心太花了，一听说哪条巷子里又来了一位如花似玉的美姬，就会去玩一次。一来二去，寺内的僧众都知道了这事，连住持仙涯和尚也知道了。有人建议他把湛元逐出山门，可仙涯只应了一声："啊，是吗？"

一个雪花飘飘的晚上，湛元拿了一个洗脸盆垫脚，又翻墙出去"游春"了。仙涯和尚知道后，就把那个盆子放好，自己在放盆子的地方坐禅。雪片覆满了仙涯的全身，寒气浸透了仙涯的筋骨。拂晓时分，湛元回来了，他用脚踩在原来放盆的地方，发现踩的东西软绵绵的，跳下地来一看，原来是师父，不觉大吃一惊。

仙涯说："清晨天气很冷，快点去睡吧，小心着了凉。"说完站起身来，就像没事人似的回到方丈室里去了。从此以后，湛元闭门修心，连寺门也很少出。

　　仙涯和尚在得知弟子湛元到花街柳巷游玩后，不仅没有按寺规把他逐出师门，反而以自身的行为为参照物来感化他。一句宽容体谅的话，减少了对别人的伤害，保住了他人的面子，也能获得对方的敬仰。在师父如此宽容的胸怀感化下，弟子惭愧之后只有修身养性。

　　南朝宋国的开国皇帝刘裕也是因宽容而得人心得众助的。

　　因刘裕能雅量待下，部下们才敢直言，为之竭智尽力。根据《宋书·郑鲜之传》记载："时或言论，人皆依违之，不敢难也；鲜之难必切至，未尝宽假，要须高祖辞穷理屈，然后置之。"刘裕本是靠打杀起家的，从未读过书，他的言论错了，也没有人敢纠正他。但郑鲜之对刘裕的谬论却没有放过，往往与之辩到其理屈词穷，待其认识错了才罢休。刘裕有时感到很狼狈，脸色都变了，但还是容忍而不发作。他曾对人说："我本无术学，言义尤浅。此时言论，诸贤多见宽容，唯郑不尔，独能尽人之意，甚以此感之。"

　　管理者具有容天地万物的气度，这也是优秀管理者修炼的必备素质之一。管理者的宽容主要表现是虚怀若谷、宽恕礼让、容纳异己、以德报怨。待人宽容，不仅在团队管理中受人尊敬，让部下产生信服之感，还能使自己较为容易获得非权力影响力。胸怀宽度决定着事业的高度，有时无声的宽恕比批评指责更有说服力。

思考改变人生

　　皮鲁克斯觉得：假如说我们能从当代那些有特殊成绩的人身上学得什么重要品质，那就是"唯有好的思考才能有好的人生"。 我们每个人都具备开创优秀人生的思考能力。 当你听到"天才"这个字眼时，心里想的是什么人？ 相信你和我一样，会立马想到爱因斯坦，但你可知道他是怎样突破高中没毕业的阻挠，成为当代的大科学家吗？ 不用怀疑，那是由于他提出一些大家所未曾想到过的问题。

　　当爱因斯坦初涉时空相对的研究范围时，便提出这个问题："貌似同时发生的事情是否并非其真正面貌？ 就比如，爆炸声音与你相隔数里之遥，当你听到声音时是否正是它爆炸的那一刻呢？"爱因斯坦的推理并非这样，而是觉得确实的爆炸是在你听到声音之前。 就一般来说，他觉得时间是相对的，它的长度一般得视受测者的感受而定，关于这些他解释道："假如一个人身旁坐了个美女，那么一个小时对他来说就像一分钟那么短；可是假如他是坐在热炉子上，一分钟对他来说或许就是一个小时那么长。"他更进一步在物理学中推理光的速度是固定的，为此他还提出这个问题："假如把光线装在火箭上而升空，它的速度能否会加速呢？"就因为时常探索这类有意思的问题，爱因斯坦最终提出了相对论。

　　爱因斯坦这样说过："最重要的是绝对不可停下好问的精神。 好奇心有其存在的缘由，无非于当人在摸索永恒、生命和其他神奇的事物时会感到诧异，假如你想要每天都能学到一点东西，好奇心是不可少的。 千万不要丧失你珍贵的好奇心。"

爱因斯坦在人类历史上之所以会脱颖而出取得成功，在于他能不断地提出新的见解。 他所提的见解在我们看来仿佛都很简单，可是对后世却造成巨大的影响。 当你也能提出简单却具相同威力的问题时，你可知会产生什么样的效果吗？ "问题"具有相当神奇的力量，可以叫醒我们巨大的潜力，让祈祷的愿望得以实现。

高纳德·特朗普算得上是一位传奇的人物，位居纽约房地产界大亨的位置差不多有10年之久。他怎么能提高到那样的地位呢？ 其中原因不少，可是不能否认的是，他在20世纪70年代中期的纽约多家银行破产风暴中，有着和其他人不同的思维方式。当时，许多房地产商人所想的问题是："假如纽约这个都市没落，我要怎样保住现有的一切？"可是特朗普却有截然不同的念头："当大家都为目前的情况顾虑重重时，我怎么做才能致富？"他所提的这个问题帮助他制订了很多重大的投资决定，结果使他成为纽约金融圈中的重要角色。

可是他并未因此而知足，反而又提出更具野心的问题作为每次投资时的思考重点，一旦他认为其中具有重大的经济利益时便会提问："假如投资不顺的话该怎么办？假如发生最恶劣的状况，我是否能掌控得住？"他觉得假如碰上了最恶劣的情况都能挺住，那么就应该投资，情况若是较预想的为佳就更得投了。他能提出这么准确的问题，结果自然是不言而喻了。

就在那段经济相当不景气的阶段里，特朗普的生意越做越大，那时没有人能有他这股魄力。当全球经济风向刚开始好转时，他可说真是赚够了，可是最终他还是碰上了经济上的麻烦。何以会这样呢？很多人说那是他不再进行投资的原因，因为他所提的问题已慢慢转变为："我要如何来享用所拥有的一切？"而不再是："什么是收益最大的生意？"更糟糕的是特朗普竟然膨胀地认为自己是个所向无敌的人，所以停止了提出"情况恶劣时"的问题，就是这个对未来决策的转变——他提问自己的转变——最终使他丧失了大笔的财产。由此可知，左右你人生的不只是你提什么样的问题，还有你没有提什么样的问题。

在皮鲁克斯眼里，既然我们的脑子具有这样的思考能力，为什么有那么多的人过着不能攻克人生难关的日子呢？ 为什么有那么多的人天天垂头丧气，一副找不到突破人生的生活理想的样子呢？ 很可能的一个因素是他们对所考虑的问题并未寄希望会有什么回复，同时也没有好好思考出能鼓励他们的问题。要想思索得有效，务必使其与痛苦或快乐结合才行，这样才能很快地改变一个人的行为。 所以，假如你是想使人生过得更好，就必须改变平常思考问题的习惯，使所考虑的问题能鼓励你的内心，朝突破人生的难关迈进。

思想决定人生出路

一所著名学院的院长，拥有一大块贫瘠的土地。这块土地，既没有具有商业价值的木材，也没有矿产或其他珍贵的附属物，所以，这块土地不仅不能为他带来任何收入，相反，它成为他支出的一项费用，因为他必须支付土地税。

市政府建造了一条公路从这块土地上路过。一位"未受教育"的人刚好开车路过，见到了这块贫瘠的土地正好位于一处山顶，可以欣赏周围连绵几千米的美丽风景。他同时还注意到，这块土地上长满了小松树及其他树苗。他以每亩100美元的价钱，买下这块50亩的荒地。在邻近公路的地方，他搭建了一间风格独特的木造房屋，并在附近建了一间很大的餐厅，在房子近处又建了一处加油站，他还在公路沿途建造了十几间单人木头房子，以每人每晚5美元的价钱出租给游客。餐厅、加油站及木头房子，使他在第一年净赚7万美元。

第二年，他又大肆扩张，又扩建了50栋木屋，每一栋木屋有三个房间。他把这些房子出租给邻近城市的居民们，当作避暑别墅，每季度4500美元的租金。

这些木屋的建筑材料几乎不必花费他一毛钱，因为这些木材就长在他的地盘上。还有，这些木屋特有的风格正好成为他扩建计划的最佳广告。而假如普通人用如此原始的材料建造房屋，很可能被当作是疯子。

故事还没有终结，在离这些木屋不到 5 千米处，这个人又买下占地 150 亩的一处破旧而荒废的农场，每亩价格 200 美元，而卖主坚信这个价钱是最高的了。

这个人立马建造了一座 100 米长的水坝，又把一条小溪引进一个占地 15 亩的湖泊，在湖水中放养很多鱼，接着把这个农场以建房的价钱出售给那些想在湖边避暑的人。

这么简单的一转手，共赚进了 20 万美元，并且只花了一个夏季的时间。

在提到上面所叙述的那段故事时，那位以 5000 美元的价格售出 50 亩"没有价值"土地的学院院长说："仔细想想，我们大部分人可能都会觉得那个人没有知识，但他把他的眼光和 50 亩荒地混合在一起之后，所取得的年收益却远远超过我靠教育方式所赚取的 5 年总收入。"

目光远大的人常常十分自信，而自信与人生的成败关系密切。

威尔逊在开始创业时，全部家产只有一台靠分期付款赊来的爆米花机，是他花 50 美元买来的。第二次世界大战结束后，威尔逊做生意赚了点钱，便下定决心从事地皮生意。假如说这是威尔逊的奋斗目标，那么，这一目标的明确，就是出于他对自己的市场需求预测拥有自信。

那时，在美国做地皮生意的人还不多，因为战后人们大都比较穷，买地皮修房子、建商店、盖厂房的人相对较少，地皮的价格也相当低。当亲朋好友听说威尔逊要做地皮生意时，一致反对。

而威尔逊却固执己见，他觉得反对他的人目光短浅。尽管连年的战争使美国的经济很不景气，可美国是战胜国，它的经济会很快进入大发展时期。到那时买地皮的人肯定会增加，地皮的价格也会上涨。

因此，威尔逊用自己所有的资金再加一部分贷款在郊区买下了很大的一片荒地。这片土地因为地势低洼，不适合耕种，因此很少有人问津。可是威尔逊亲自调查了以后，还是决定买下这片荒地。他预计，美国经济发展很快，城市人口会慢慢增多，市区将会不断扩大，必然向郊区延伸。在不远的以后，这片土地肯定会变成黄金地段。

后来的事情果然如威尔逊所料。不出三年，城市人口急增，市区快速发展，大马路一直修到威尔逊买的土地的旁边。这时，人们才发现，这片土地四周风景宜人，是人们夏日避暑的好地方。因此，这片土地价格上涨，很多商人竞相出高价购买，但威尔逊不为眼前的利益所惑，他还有更长远的打算。后来，威尔逊在自己这片土地上建造了一座汽车旅馆，取名为"假日旅馆"。因为它的地理位置好且舒服方便，开业后，顾客盈门，生意十分红火。从那以后，威尔逊的生意越做越大，他的"假日旅馆"遍及世界各地。

有一个朋友，担任锅炉销售代理的工作，他给我讲过一个故事：

　　有一次，有两个温州人要从他这里购买一台锅炉，用来给将要开张的洗浴中心提供热水，并请我的朋友负责安装。安装的时候我的朋友看到了一个十分令人奇怪的事情：洗浴中心将要开业的这个地方，政府已经通知半年后拆迁。因此我的这个朋友就问那两个温州人："为什么要花费将近100万元在这样一个地方新开一家洗浴中心呢？"两个温州人笑着答道："我们就是特意开洗浴中心的，我们会看在什么样的地方最合适开洗浴中心。这个地方，我们已经留心了一段时间了，或者在你看来这里半年后就拆迁，没有什么利用价值，可在我们心中，投资的钱三个月就能够收回来，剩下的三个月还能够赚个百八十万呢。"我的朋友半信半疑。他将这个故事讲给我听的时候我也半信半疑，说心里话，我是不太相信温州人所说的"我们会看"！可是如今我相信了，那两个温州人果然赚了钱。

　　多年的经验对他们说，在那个半年后就要拆迁的地方开洗浴中心是可以赚钱的。虽然这种"看"的标准可能只是一种感觉，并不能完全用语言来完整描述。

眼光的长远决定思路，思路决定人生出路。

可能我们并不缺乏开创事业的勇气，可能我们已做好了坚忍吃苦的精神准备，但这些并不是关键——关键的是你要具有独到的眼光！

第二章
高情商的人具有无限的潜能

想成功，必须先有成功的欲望

"要成为一个顶尖推销人员，就要有欲望，有'这个月要达到这个目标'的欲望，有'要成为众人楷模'的欲望，有'要满足欲望'的欲望。"日本顶尖销售高手柴田和子说。

利翁，他超爱艺术，并用自己的努力雕塑了一尊女神像。对于自己的得意之作，他爱不释手，整天含情脉脉地注视着她，天长日久，女神竟奇迹般地复活了，并乐意做他的老婆。这个故事蕴含了一个非常深刻的哲理：期待是一种力量，这种期待的力量被心理学家称为"皮革马利翁效应"。要成功，首先要有强烈的欲望。

有人曾对众多白手起家的百万富翁进行了深入的调查，调查结果显示，在早期创业时这些富翁都有一个共性，即对成功有强烈的欲望。

打开成功之门的金钥匙是强烈的欲望。假如没有不断成长、不断提升的欲望，那么，即使机会摆在面前，即使具备足够的才能，也难以获得成功。

一位名人曾说："只有激情，巨大的激情，才能震撼灵魂，成就伟大的事业。"一位默默耕耘的教师，取得了一个现代教育创举，从他的身上，我们看到了激情的巨大力量。

俞敏洪1962年出生于江苏省一个偏僻的农村。上学期间正赶上"文化大革命"，他被迫辍学。但俞敏洪回到家坚持自学，功课一直没丢。

1978 年恢复高考，俞敏洪赶上了高考头班车，但是俞敏洪没考上，接连两次与大学擦肩而过。但他不气馁，一次又一次满怀信心地走入考场。1980 年，经过一次又一次高考落榜的折磨，俞敏洪最终走进了北京大学英语系，实现了自己多年的梦想。

　　毕业后，俞敏洪在北大教了七年英语，这七年里，俞敏洪默默无闻。然而，就在这沉寂的背后，有一颗"不安"的心，他一刻也没放弃人生的追求。看着昔日同窗一位位走出国门，俞敏洪也参加了 GRE、TOEFL 考试，但国外大学却没有录取他，俞敏洪又一次陷入了绝望。

　　1991 年底，俞敏洪开始在一些英语培训学校代课，拼命赚钱。很快他发现这些民办学校的创办者唯利是图，素质太差，却并不妨碍他们赚钱。于是，俞敏洪有了自己创办学校的念头，创业的激情在他的心中开始燃烧。

　　1993 年，他先到海淀区教育管理部门申请办学执照。主管部门不同意，俞敏洪就不时地往海淀区教育部门跑。最后，教育部门终于同意了，允许他的学校先试营业半年，办不好就停止运营。

　　这年冬天，俞敏洪自己提着糨糊桶，骑着自行车在行人渐稀的大街小巷和灯火点点的大学校园贴毛笔写的补习班广告。更要命的是，1994 年新东方才刚有一点发展，免不了与别的单位产生竞争，因而也就有了麻烦。新东方人员曾在贴广告时，被人捅过刀，住过院。

　　然而，艰难的处境并没有让俞敏洪却步，反而激发了他的昂扬斗志。刚开始，学校规模很小，只租了一间教室，第一批学员只有 13 个人。经过摸爬滚打，俞敏洪已从教师变成了能打理方方面面的合格"校长"。1994年底，学校同期有 2000 人在读。而到 1995 年，学生已达 15 万人。

俞敏洪编写的《GRE 词汇精选》被大学生们称为出国留学的"红宝书"，几乎每人都有。俞敏洪办的"托福"班、"GRE"班、英语四六级考试辅导班声名远扬。之后，俞敏洪到美国、加拿大游说，并取得了巨大的成就。新东方迅速聚集起一批从海外归来的精英，开始了新东方"迅速矛盾发展"的第二个黄金时期。海归精英的加入使新东方又开辟了出国咨询、口语培训、大学英语培训等业务。这样，新东方从单纯的出国英语培训拓宽到能提供多品种的教育服务机构。

1999 年，新东方终于从陈旧拥挤中获得解放，在中关村这个北京的黄金地段，投入 1000 多万元建立了一幢宽敞明亮、设施齐备的教学大楼。学校的迅速发展使俞敏洪不得不把如何保证个人利益的问题提上日程。从1998 年开始，到 2000 年结束，他使新东方完成了从一个手工作坊向现代企业的转变。

2000 年，俞敏洪携校董事会成员通过借款凑足 5000万元，注册成立了"东方人"，成为整合新东方所有校外产业资源的企业。

随着国内英语教学市场潜力的逐渐扩大及新东方影响力的不断增强，俞敏洪把目光投向互联网，认准了网络教育。经过长期考察与谈判，2000 年 12 月 13 日，新东方宣布与中国 IT 巨头联想集团联合，强势推出网络教育产业，联想出资 5000 万元人民币，以 50% 的股份作投入，与新东方合作建立新东方教育在线。

我们可以肯定，几乎全部的成功者都具有强大的成功欲望。 不是他们不热爱生活，也不是他们没有其他的人生追求，而是因为事业之火在他们心中燃烧，为此，他们愿意奉献自己的全部热情和力量。

如果你想成功，就必须先有成功的欲望。 只有不断地自我肯定，进行正面的自我暗示，并时刻进行自我教育和自我塑造，你才可能走上成功之路。

决心的力量是不可估量的

在由于战乱而逃难的人群当中，有一位身体虚弱的母亲和她只有三岁的孩子，跟着难民潮步履缓慢地向边境移动。火辣辣的太阳恶毒地在每一个难民的头上肆虐。难民们拖着沉重的脚步，蹒跚地向前走，谁也不知道自己什么时候会倒下。

那位虚弱的母亲觉得自己坚持不下去了，她抱着她的孩子，找到了难民潮中的一位神父。这位可怜的母亲，苦苦地恳求神父帮她照料她的孩子，因为她认为自己绝对无法撑到边境。

神父略通医术，在简单地诊断了这位妈妈的身体状况后，发现她的体力尚可，便毅然回绝了这位妈妈。神父说："你自己的孩子，自然要由你自己照顾，我无法代劳！"虚弱的母亲听到神父这般无情的回绝，不由得十分生气，转身抱着自己的孩子，回到难民潮中。

一天一天过去了，这一群难民最终步行到了边境，在国际红十字会的照顾下，在难民营中，每个人至少有了最起码的安身之地。

这时候，神父再来看望这位身体已经康复的母亲。神父看到她，高兴地说："还好，我没有接下你'托孤'的请求，今天才能看到你们母子都平安……"

充满智慧的神父在危难之际，让这位可怜的母亲爆发出无穷的潜力。生命的能量，常常在你下定决心的时候可以完全被激发出来。

做事要成功离不开两个条件，即坚定的信念和顽强的意志。坚定的信念、顽强的意志和全力以赴的做事态度是成功的关键。志不强者功难成，坚定的信念、顽强的意志，可以助你攀登世界上任何一座巅峰。只要拥有一种信念并有所追求，什么样的困难你都能承受，怎样的环境你都能适应。

假如你认真地审视自己，将自己的身体、学识、专长、才能和志趣做了全方位的透视，有了深刻的把握，同时你也找到了和自己专业对口的工作，就不要再犹豫徘徊，畏首畏尾了，更不要费尽心机、绞尽脑汁去寻找比现在更好的工作了，而是应该马上坚定意志，将自己所有的精神集中到工作之中。

只有坚定的信念和顽强的意志才会通向成功。只要你有决心，任何人都会相信你，会给予你全部的信任。一个有意志力的人，会处处受到别人的帮助，假如三心二意，没有干劲和毅力，那么没有谁乐意信任你、支持你，因为大家都知道你做事不靠谱，随时都会面临失败。

假如你有过努力，有过拼搏，但最终没有成功，那不是因为你能力不够、诚心不足，没有对成功的热切渴望，而是缺少那种足够坚定的决心。你做事的时候，一直虎头蛇尾、有始无终，做起事来也是东拼西凑、草率了事、马虎敷衍，你总是挖空心思考到底要做哪一种事，在确定某种职业有绝对成功的机会后，却又在做到一半时觉得还是另一种职业比较适合你，你时而对现状满足，时而又抱怨……因此，时而风、时而雨的人最后只能以失败告终。

有一位在保险公司工作的人曾讲了这么一个故事：

　　他们的总经理总认为他所碰到的最大难题是选择合适的工作人员，每次招聘，通过严格的考试后，难得有一两位合格的候选人。为什么呢？原来，这位总经理的考试十分独特，他对面试者用各种消极的话语来考验对方的意志，告诉对方保险业所面对的重重危机和现实工作中的阻力、压力，以此检验对方是不是一个意志力坚定的人。有许多应聘者听了总经理的话后，仿佛觉得前途无"亮"，因而打消了去该保险公司工作的想法。只有少数人听了总经理的惨淡描述后，没有泄气。反之，在言谈举止中保持谨慎大方，并表现出忠诚可靠、敢于面对的个性，只有这种意志坚定的人，才是这家保险公司想要的人才。

在信息化时代，每一家公司对员工都要求其富有忍耐力、信念坚定、做事勇敢，假如没有这些特征，不管才识多么渊博，也无法得到公司的认可，很难在公司里立足。

那位保险公司的总经理招聘员工的理念是一种经验总结，他觉得：我们所急需的人才，是意志坚定、工作起来全力以赴、有奋斗进取精神的人。现在我们的员工大部分很有成就，如今他们的才能也在一般人之上。但我观察到，其中最突出的大都是那些资质平平、没有受过高等教育却拥有不顾一切的做事态度和拼搏进取的工作精神的人。所以，大约占到九成的成功者往往都是资质平平的人，剩下一成的成功者依赖的是过人的天资。

找工作，除了忠诚之外，还应具有勇气。 决心的确宝贵，可是有时会因力量不足、能力有限而受阻，只有借助勇气，才能过关斩将，长驱直入，直到成功。

在我们身边，很多青年才华横溢，也具备成就事业的能力，但他们致命的缺点是缺乏恒心，没有忍耐力，终其一生，只能做一些平庸安稳的工作。 他们常常一受挫折就马上后撤，潜伏起来，这样的人怎么可能成功呢？ 假如你想要获得成功，就必须为自己赢得美好的声誉，让你身边的人都知道，一件事到了你手里就一定能完成。

随风飘舞的落叶只有听天由命，这是无可奈何的。 它的未来，完全由风向来决定。 但是，你却可以自己决定前途，不必老待在一丝不动的静水处。 你可以向流水中央游去，乘着急流，去寻找新的机会，你需要做的，就是用自己的能力向着急流游去。

然而，做比说难。 诚然，急流处似乎一切都很好，但是，你是不是能够游到中心处，就没有一定的保障了。 所以，你一定会有前途渺茫之感，或者你会后悔当初为什么不留在原地呢？

这个"游不游"的问题，是每一个人在一生中总会遇到的。 这时候，有信心和勇气的人，必将挺身而出去接受考验，毅然跳进未知的世界中，向中心处游去。 他们懂得，只要不怕冒险，必定可学到新的东西。 胆小的人、怕变化的人，只好躲在以前安全的地方，眼巴巴望着别人乘着急流往前直奔。

"决心"算得上是世间最有价值的东西，只要拥有决心，就能使一个人的全部潜力发挥得淋漓尽致。 一个人假如下决心要成为什么样的人，或下决心要做成什么样的事，那么，意志力或者动力的驱动必定会使他心想事成，如愿以偿。

做人要有恒心

假如你希望成功，应该以"恒心"为益友、以"经验"为参谋、以"谨慎"为兄弟、以"希望"为哨兵。只要我们敢于去追求，只要我们下决心有所改变，那么长久以来的美梦便可成为现实。凡是决心夺取胜利的人，从来不说"不可能"，因为这个世界上没有什么是不可能的，"没有做不到的，只有想不到的"，只要你能想到，下定决心去做，就一定能成功。

从前在一座山上，有两块相同的石头，三年后发生了完全不同的变化。一块石头受到很多人的敬仰和膜拜，而另一块石头却遭到别人的唾弃。这块被人唾弃的石头说："老兄啊，你还记得吗？就在三年前，来了个雕刻家，我害怕一刀一刀割在身上的疼痛，就告诉雕刻家只要把我简单雕刻一下就可以了，而你那时幻想着未来的模样，不在意刻刀刻在身上的痛，因此造成了今天的不同。"

两者的区别，一个是看重想要的，一个是看重惧怕的。过去的几年里，也许你们同在一起玩耍、同在一所学校读书、同在一个部队当兵、同在一家单位上班，几年后，你会发现儿时的伙伴、同学、战友、同事都变了，有的变成了"佛像"石头，而有的变成了另外一块遭人唾弃的石头。

无论你期望拥有财富、事业、幸福，还是盼望别的什么东西，都要明确它的方向在哪里，为什么要得到它，或者将以哪种态度和行动去得到它。 人生教育之父卡耐基说："我们不要看远处模糊的事情，而要着手身边清晰的事物。"如果今天上帝给你一次机会，让你选择五个你想要的东西，并且都能让你心想事成，你第一个想要的是什么？ 如果只要你选择一个，你会做何选择呢？ 如果生命危在旦夕，你人生最大的遗憾是什么事没有去做或者还没有完成？ 如果给你一次重生的机会，你最想做的事是什么……假如发现了你最想要的，就把它马上明确下来，明确就是动力。 它会植根在你的思想意识里，深深印在你的脑海中，让潜意识帮你完成你所想要的一切。

传说鹰是有两次生命的，一次是前40年，普通的鹰都能活到，另一次是后30年，只有小部分的苍鹰能活到。40岁的鹰已经是体态臃肿、苍老不堪，很多鹰到这个时候就收起锋芒，但也有不认命的，它们用自己的喙用力地啄击石头，直到旧喙全部脱落，新喙神奇地生长出来。然后苍鹰再用新喙把爪上的老皮啄掉，长出新的爪皮，使双爪变得更加有力。最后，苍鹰又用有力的双爪把全身羽毛全部抓掉，长出新的羽毛。在这个过程中，苍鹰忍受着"凤凰涅槃"般的痛苦。随后，苍鹰就冲破大限，获得第二次生命。

改变自己，去一个陌生的环境承担一项全新的工作，对未来不可预知的恐惧感和缺少安全感是很令人困扰的。 可是一旦下定了决心，就要意识到它带来的不但是全新的挑战，也会有全新的收获和成就感。

古话说：世上无难事，只怕有心人。这个"心"，就是恒心，有了恒心，再难的事也做得成功。没有恒心，将一事无成，即使是最容易的事也会变成最难的事。

天下事最难的不过十分之一，能做成的有十分之九。想成就大事业的人，更要有恒心，更要以坚忍不拔的毅力、不屈不挠的精神、排除万难的耐性作为培养恒心的要素。

一个人之所以成功，不是上天赏赐的，而是一点一滴自我塑造的，但是千万不能存有侥幸的心理。幸运、成功永远只能属于勤劳的人、有恒心不轻易改变的人、能坚持到最后的人。事业如此，"德业"也是如此。

千万不要由于自己常被别人拉去干这干那，就错误以为这是体现自己才能的大好机会，这只是在被人拖着凿浅井。东一榔头西一棒子，每一口井都不能找到水源。这不是"能干"，而是对生命和财力的浪费。一个人的精力、时间十分有限，在有生之年，把握住自己真正的兴趣与才能，专心致志地做下去，才可能事有所成。

做事专一，不是不求上进，而是一种锲而不舍、集中精力的追求。不仅要有魄力，而且要有定力，抵抗其他事物的诱惑，不为一切名利权位而半途而废。这种定力是决定一个人能否成功的关键条件。一个人，能认清自己的能力，找到自己的方向，已属不易，更不容易的是要抵抗风浪的冲击。很多人只是因为某件事情时髦或流行，随波逐流，而忘了衡量自己的才干与志趣，最终找不到自己，所得的只是追逐一时的新鲜，而失去了真正成功的机遇。

所以，做人一定要有恒心！

成功源于你的积极心态

对于渴望从商赚钱致富以改变自己命运的人来说，如何意识自己目前的"一无所有"，对其商业道路的发展至关重要。正常来看，抱有"反正我也是一贫如洗，再怎么付出奋斗也无济于事"态度的人，定将贫困潦倒终生，一事无成；而抱着"尽管我眼下一无所有，但通过我的奋斗我一定能……"想法的人则将成为真正的胜者。 积极的心态才有可能为你带来以后的人生财富。

犹太人大部分是乐观的，他们也正是靠着这个信念而活下来的，或者是由于有了长久的悲惨历史，他们才会这么乐观。在不断漂泊、迁徙、被屠杀的那些濒临绝望的日子里，犹太人一直抱着"生活和命运一定会好转"的信念。

犹太民族中，曾长期流传着一个名为"飞马腾空"的传说：

从前，有一个犹太人因惹怒国王而被判了死刑，这个犹太人向国王请求饶他不死，他说："只要给我一年的时间，我就能使国王最宠爱的马飞上天空。"

他说，如果一年过后，马儿依然不能翱翔天空，那么，他就乐意被处死刑而毫无怨言。国王答应了他的请求。

一个囚犯朋友对这个犹太人说："你不要信口雌黄，马儿怎么能飞上天空呢？"

他说："在这一年之内，或者国王会死，或者我自己病死，更说不定死的是那匹马。总的来说，在这一年，谁知道会发生什么事呢？因此，只要有一年的时间，说不定马儿真能飞上天空！而且，假如一切还是老样子，我也能多活一年！"

这个故事告诉我们：人生的希望是无限的，绝不能轻言放弃。观念上的转变自然重要，看待"致富"采取一个什么样的心态就更为重要。

为什么有些人能够变成富豪？成为富豪的第一条件即在于他具有乐观的心态。心态不同，所看到的风景也会大不相同。成功的致富者总是利用积极的心态去支配自己的人生，用乐观的心态来面对这个世界，面对一切可能出现的困难和风险。他们一直用积极的思考、乐观的心态、充实的灵魂和潇洒的态度来支配、掌控自己的人生并不断地战胜困难，从而不断地迈向成功。而失败者则精神失调，他们受过去曾经经历过的各种失败和疑虑的指导、支配，被自卑的心理、失落的心灵、失望的悲观心态和消极颓废的态度掌控，其后果只能是从一个失败走到另一个失败。最糟的是永驻于过去的失败之中，不再奋起。

认真观察比较一下我们大多数人与成功者的心态，特别是关键时刻的心态，我们就会发现，是"心态"致使人生产生惊人的不同。

古希腊有两个同村人，打赌看谁走得离家最远，他们在同时按着不同的方向骑着马出发了。

一个人在走了 13 天之后，心想："我还是到此为止吧，因为我已经走了很远了，他一定没有我走得远。"于是，他停了下来，休息了几天就返回了。当他回到家后，又重新继续了他的农耕生活。

而另外一个人走了 7 年，却没回来，人们都认为这个傻瓜为了一场没有必要的赌注而失去了性命。

有一天，一群浩浩荡荡的大军向村里走来，村里的人不知到底发生了什么大事。当队伍临近时，忽然有一个人欣喜地叫道："那不是李三吗?"原来，消失了 7 年的李三早已成了军中统帅。

他下马后，向村里人致敬，然后问："安华呢? 我要感谢他，因为那次打赌让我有了今天。"安华惭愧地说："祝贺你，好伙伴。我到现在还是个农夫!"

由此可见，暂时满足的心态可能使人低人一等。生活中有多少人都是因为这样而成为低人一等者啊!

做事若想达到最佳境界，就得有远大的目光和真诚的心意。 一个有志向、有计划、有远大目光的人，一定会不辞劳苦，奋力地向前迈进。 他们向来不会想到"得过且过"，他们的生活永远是崭新的，每天都在有计划地向前迈进，他们只知向前跨，而不计较自己是走了一寸还是一尺，最重要的是不断取得进步。 他们时刻都在担心自己能力不够，担心仅成为一个能填饱肚子的人。 消极的心态往往产生满足感，只有那些胆怯无能、无法战胜自身危机的人，才一天到晚抱怨没有事情可做。 而那些自信凭自己的力量必能获得合适位置的人，从不会跑到别人面前抱怨，只会自己埋头苦干。

　　大音乐家奥里·布尔与他的提琴的故事，就是一般工作者最好的模范。这位全球闻名的音乐家一演奏起他的曲目，听众们就会感叹不已。可是他们却不知道他为此付出了多少努力。从小，父亲就不赞成他学小提琴，穷困与疾病也紧紧地压迫他。正由于他的热忱和专心，使他终能战胜一切阻碍，闻名世界。当他还只有8岁时，时常深夜起床，拿出一只红色小提琴，奏起他朝思暮想的乐曲。直到长大成人，也从没离开过它。他奏出那动听婉转的乐曲，真不知让多少听众为之倾倒，使他们像被风吹动的树木一般，随着乐声舞动起来；又不知使多少听众受到了极大的感染，养成良好的个性。他的演奏好像微风送出的阵阵花香，使无数听众忘记一切烦恼愁苦，如临仙境。

　　我们随时都可以遇到这样的人：他们仿佛专门在等待别人去逼迫自己工作；他们对于自己所拥有的才智与能力毫无所知；他们一点儿也没估算过自己身体里究竟藏着多少才智与力量，遇到任何事，只知拿出一小部分力量来应付；他们仿佛情愿一直守在空谷，不肯攀登山巅，也不愿放开眼界，把广大而宏伟的宇宙看个透彻。　在那些偷闲苟安、懒惰愚笨的人眼里，世上一切好的位置、有前景的事业都已宣告"客满"。　这种怠惰成性的人，无论走到哪里，都不会有他们的安身之处。　社会上急切需要的，是那些肯吃苦、敢于奋斗、有见解的人。　一个大有前景、随处可以立足的人，应该有理想、能判断、善独创、吃苦耐劳。那些抱怨没有机会或时运不济的人，一辈子也不会成功。

普拉斯曾说："乐观的人在每一次忧患中都能看到机会，而悲观的人则在每次机会中都看到某种忧患。"确实，假如你的想法积极，就算是身处地狱，你也会把它当作天堂；如果你拥有消极的想法，纵使你身在天堂，你也会觉得是在地狱。一个人思考的角度，可以主宰你面对事情的心态。

卢梭曾经写道："如果一个人从心底就惧怕痛苦、惧怕困难、惧怕不测的事情，那么，他永远也成就不了什么大事。"这句话告诉我们，如果一个人的内心充满着"办不到""不可能"的消极心态，那么，他最终就真的会办不成任何事情。假如你想出人头地，就必须调整自己的心态，拥有积极的心态，改变消极的心态，如此，才能看见自己生命的阳光。

成功需要果断

　　小时候，有一次和爸爸进林子去逮鸟。爸爸教我用他自己制作的一种"捕猎机"，它像一只箱子，用木棍撑起，木棍上系着的绳子一直接到我所隐蔽的灌木丛中。只要来找食的鸟儿受到撒下的小米粒的引诱，一路啄食，就会钻进箱子。我只要一拉绳子，便可将它逮住。

　　支好箱子，藏起不久，就飞过来一群鸟，共有8只。可能是太饿了，不一会儿，就有6只钻进了箱子。我马上就想拉绳子，但是转念一想，那两只也会进去的，再等一会儿。过了一会儿，那两只不但没进去，反而又走出了两只。我后悔死了，但是安慰自己说：只要再有一只走进去就拉绳子。可是，事与愿违，又有两只走了出来。假如这时拉绳子，还能逮住两只，但我实在是对自己错失的好运不甘心，心想：总会有些要回去的吧。最后，连剩下的两只也走了出来，我只能空手而回。

　　尽管我没有捕到鸟，但是我并不是一无所获的，我捕捉到了一个终身受益的道理：人的欲望是无法满足的，而机会却稍纵即逝。 不要瞻前顾后，要明白，机会绝不会落在那些优柔寡断的人身上。 要抓住机会，果断一点。

　　成功的人是果断的人。 当机会来临时，他们谨慎评估，做出决定，并立马采取行动。 他们明白：犹豫不决可能占用其他正式的工作时间。 他们会逐步实施决定，避免不必要的冒险，而不会在一开始就已经做好所有的计划。

美国智者富兰克林曾经用一种简单的方法，来帮助自己完成复杂的设想：他在一张纸的中央画上一条直线，在一边列出所有支持此决定的理由，另一边则列出反对的理由。这张表除了可以让决定过程变得简单，也呈现了"决定"的优缺点，减少其复杂性。这样一来，"决定"所带来的影响，就可以又快又轻易地评估出来了。

行动出错所带来的危害远比不上犹豫不决所带来的危害大。有的人总是下不了决心，需要别人督促。很多时候这并不是因为他们缺乏明断，而是因为他们办事拖拉，尽管他们事实上是相当明察的人。能够意识到困难所在，可以称得上"精明"，但能"避难"有方，才算是"真正的精明"。另有一些人，绝不会为人和事物所阻碍，他们具有高超的决断力和坚强的意志，他们与生俱来有做高尚的事业的天赋，他们的明察善断，使他们能轻易取得成功，他们一直"言必信，行必果"，他们对自己的运气很有信心，因此能以更大的信心再创辉煌。

凡事都要果断。一切的错失，都可以从拖拉、优柔寡断和恐惧中找到答案。"果断"二字，看似简单，做起来很难。在没有想好方法之前，犹豫不决还可以接受，想明白了还在犹豫，这就是失败的一大因素。

所以，我们应从小事开始，平时就要培养一个良好的习惯，不管什么时候，只要有了想法，马上行动！只有养成了习惯以后，才能在机会一出现的时候，就马上行动。

如果你谈过恋爱，你可能就更有体会。你可能一直爱着某个人，却因为你所能想到的许多原因而一拖再拖，可是当你下定决心认定这个人的时候，可能这个"他"已经变成了别人的那个"他"了。 所以，当"立即行动"在潜意识中出现，就马上去执行。

如果你将闹钟定在早晨 6 点，但当闹钟铃声响起时，你还想睡，这时你很可能伸手关掉闹钟继续睡。 长此以往，你就会养成赖床的毛病，但假如你心中浮现"立即行动"的警语并听从它，你就会马上起床。

史威在工作之余，尤其喜欢打猎和钓鱼。他最喜欢做的事就是带着钓竿和猎枪，独自一个人来到丛林中住上几天，直到疲惫不堪，才会心满意足地回来。

可是这项爱好，也带给了他很大的难题，因为它占用了他太多的时间。有时候，他真想连工作都在野外进行。这个念头忽然闯进他的脑海中，他想，荒郊野外，也有人需要购买保险。这个念头尽管听起来有些不切实际，但是的确可行。铁路公司的员工和那些散居在铁路沿线的猎人、矿工都将成为他的潜在客户。假如这个计划真的可行的话，那么他就可以将他的爱好与他的工作结合在一起了，像这样，他外出狩猎时，也一样可以工作。这是一件多么美妙的事啊！

于是，他马上做好了计划，还特意请教了旅行社，然后就开始整理行李。他知道这想法听起来有些不现实，他也担心自己心中的"疑惑"袭上心头来恐吓他，会让他失败，但他继续所有的准备工作。

事实表明史威的抉择是正确的。他受到了那里人们热烈的欢迎，因为他是仅有的一个和他们接触的保险业务员，有了这项业务，让他们的生活有了保障，并且他还是外面世界的代表，他使他们知道了他们从来没有见过的外面的世界。除此之外，他还免费教他们理性的思维方式和烹饪。村民们也时常邀请他去做客，享用他们特制的佳肴。在短短的一年内，他的业绩突破300万元，扩展业务的同时他还享受到了他最钟爱的登山、打猎及钓鱼带来的无限快乐，他把工作和生活做到了最完美的结合！

假如史威在念头产生时，没有马上去做，可能就会因为一再犹豫而无疾而终。因为信心是需要坚持的，更需要在行动中坚定。假如你一再犹豫，等所有的顾虑袭上心头的时候，那所有成功的动机，就再也起不了作用了。

牢记，立即行动！

立即行动！可以应用在人生每一个时期的各个方面。它可以帮助你完成自己应该去做却不想做的事情；让你对不喜欢的工作不再拖拖拉拉；让你像史威一样，抓住转眼即逝的宝贵时机，让自己梦想成真。

想要追求一个你喜欢的人吗？马上行动！

想实现你的理想吗？立刻在你的书桌上展开一张纸，写下你的理想、计划，越详细越好。立即行动！

别管你现在如何，只要你用积极、果断的心态去行动，你就能达到理想的目标。

一切困难都是提高情商的契机

　　每个人的生活都不是一帆风顺的，都会遇到许多问题。 我们每一个人的心理状态也都是一个连续谱，不会永远处在一个十分好的位置。 正如心理咨询师常常说到的： "心理问题就像我们日常的伤风感冒一样，是每个人都可能会遇到的正常现象。"然而，这些困难都是提高我们个人情商的契机，可以使我们在出现困难时更好地面对和解决，使我们由此不断成长起来。

　　1917 年 10 月的一天，在美国堪萨斯州洛拉镇，一家小农舍的炉灶突然发生爆炸。当时，屋里有一个 8 岁的小男孩，很不幸的是，他没有逃过这次劫难，孩子的身体被严重灼伤。医生无奈地告诉孩子的父母： "孩子的双腿伤势太严重，恐怕以后再也无法走路了。"

　　生活就是这么残酷！在成长的某个阶段，也许命运会对我们不公，会让我们陷入许多难以预料的困境，但同样是困难，人们所收获的结果有时却大相径庭。面对如此的不幸，男孩没有哭，也没有就此消沉，他暗暗下定决心：一定要再站起来。

　　在以后的日子里，父母看见儿子终日试图伸直双腿，不管在床上，还是在轮椅上，累了就歇一会儿，然后接着练。就这样足足坚持了两年多，男孩终于可以伸直右腿了。这下，家人都对他有了信心，只要有机会，大家都会帮着男孩练习。一段时间后，男孩竟然可以下地了，但他只能一瘸一拐地走路，很难保持平衡，走几步就会摔倒。又过了几个月，男孩能正常走路了，虽然拉伸肌肉让他疼得说不出话来。

这是生命的奇迹，也是信心的奇迹，更是钢铁般意志所创造的奇迹。精神的力量到底有多大，谁也说不清楚，但有一点可以肯定，那就是：精诚所至，金石为开。

经过艰苦的努力和锻炼，男孩腿上松弛的肌肉终于再次变得健康起来，多年之后，他的腿和其他人一样强壮，仿佛从来没有发生过那次意外。男孩进入大学后，参加了学校的田径比赛，他参加的项目是 1 英里赛跑，因为他立志成为一名长跑选手。从此以后，男孩的一生都和长跑运动紧密相连。这个曾经被医生判定永远不能再走路的男孩，就是美国最伟大的长跑选手之一——格连·康宁罕。

事实上，面对生活中所遇到的坎坷与创伤，我们并不应该一味地抱怨，相反我们更应该学会去感激它们。因为只有在挫折中，人才能不断地成长起来，同时也不断提高自己的情商。人的一生也就是在这种不断地超越困难、超越自我的过程中走向顶峰的，即使是在很小的挫折中所学到的东西，也要比长期一帆风顺所带给我们的收获要丰富得多。不平凡的经历造就不平凡的人。因此，只要你有心，只要你选择成长，生活就会变得与众不同！

苦难是人生中用来考验我们的一份最高含金量的试卷，只有经历过苦难磨砺的人生，才会光芒四射。 因为，命运在赐予我们苦难的同时，往往也把一把开启成功之门的钥匙放到了我们的手中，一切困难都是提高情商的契机。

　　其实，我们每个人都会遇到各种困难，有时甚至是不幸、厄运。 苦难就像一条狗，它不经意就会向我们扑来。 如果我们畏惧逃避，它就追着我们不放；如果我们直起身子，挥舞着拳头向它大声怒喝，它就只有夹着尾巴灰溜溜地逃走。 只要你拥有对生命的热爱，苦难就永远奈何不了你。

　　人生中会遇见种种意想不到的问题、困难，浅尝辄止，轻易言退，是做事的大忌。 成功，往往产生于再试一次的努力之中。

　　人的一生难免会有很多的苦难，无论是与生俱来的残缺，还是惨遭生活的打击，只要敢于面对，自强不息，就一定会赢得掌声，赢得成功，赢得幸福。 很多时候，困难就像是弹簧，你强它就弱，你弱它就强。 勇敢是优秀的禀赋，只有勇敢地面对困难、克服困难，你才能获得成功。

　　哈佛大学里流传着一个人人知晓的故事。

　　　　很久很久以前，有一个养蚌人，他想培养一颗世上最大最美的珍珠。

　　　　他去海边沙滩上挑选沙粒，并且一颗一颗地问那些沙粒，愿不愿意变成珍珠。那些沙粒都摇头说不愿意。养蚌人从清晨问到黄昏，他都快要绝望了。

　　　　就在这时，有一颗沙粒答应了他。旁边的沙粒都嘲笑起那颗沙粒，说它太傻，去蚌壳里住，远离亲人朋友，见不到阳光、雨露、明月、星辰，甚至缺少空气，只能与黑暗、潮湿、寒冷、孤寂为伍，不值得。可那颗沙粒还是无怨无悔地随着养蚌人去了。

斗转星移，几年过去了，那颗沙粒已长成了一颗价值连城的珍珠，而曾经嘲笑它傻的那些伙伴们，却依然只是沙粒，有的甚至已风化成土。

大自然让人们在奋斗的过程中不断成长、壮大与进步。这种过程是痛苦的经历还是深刻的体验，视一个人的态度而定。未经磨难，是不可能成功的。哈佛人都明白这样一个道理：困难可以将你击垮，也可以使你重新振作，这取决于你如何去看待和处理困难。当你从困难中获取能量的同时，也提高了自己的情商。

著名成功学家温特·菲力说："失败，是走向更高地位的开始。"没有经受过大的失败的人，也不会获得大胜利。成功与失败如同人生发展的两个轮子。在实际生活中，只有自信主动、心态积极、坚持开发自己潜能的人才能真正领会它的含义。

你做一件事情失败了，这意味着什么呢？无非有三种可能：一是此路不通，你需要另外开辟一条路；二是某种故障作怪，应该想办法解决；三是还差一两步，需要你进行更多的探索。这三种可能都会引导你走向成功。失败有什么可怕呢？成功与失败，相隔只有一线。即使你认为失败了，只要有"置之死地而后生"的态度和自信还是可以反败为胜的。如果你不怕丢面子，不怕别人说三道四，那么失败传递给你的信息只是需要再探索、再努力，而不是你不行。不敢再试一次，往往是导致事业和人生失败的致命原因。 再坚持一下，成功就在拐弯处。

　　苦难可以磨炼我们的意志，每个人都应勇敢地、坚定地走好生命中的每一步路。 要正确地面对困难，一切困难都是提高情商的契机。

好性格是卓越的行动力

一对好朋友找到上帝，向上帝询问怎样才有机会成为天使。上帝没有告诉他们什么，却派他们到一座大山上去考察，约定10年后再见。

两个好朋友一起登上山顶，发现整座山上竟没有一棵树、一株草。他们内心里非常不满。甲发了牢骚后就气愤远去，而乙去了别的山上采摘来各种各样的种子，把它们播种到了荒山上。

10年后，这两个人如期而来，上帝询问他们有关那座大山的情形。"意想不到，世界上还有这么荒凉的大山，一棵草木都没有。"甲唠叨说。

"10年前，"乙说，"那确实是一座荒山。但是，今天它已是一座青山。"

"怎么会呢？"甲说，"荒山永远都是荒山啊。"

"那只是一时的荒山，"乙平静地说，"只要我们用行动改变它，播上种子，它就会长满花草树木。"

上帝欣慰地点点头，对乙说："你现在就是一个天使了。"

乙微笑着，头顶上方闪起一个耀眼的光环。

生活中并不是到处都有青山绿水，面对荒山，有的人只会埋怨它，不会用行动去改造它。我们的目的不只是要成为天使，关键的是用行动创造价值。

所有诚实的劳动都是崇高和神圣的。无论我们的衣服多脏，无论我们的双手变得多么粗糙，行动足以改变这一切。

任何一个人来到这个世界，都肩负着神圣的使命。行动是使命的脚步，它不只为谋生，关键是完成所承担的必要职责，发挥自己的聪慧和力量，产生好的、正面的影响。这就是价值。

在一次求职面试中，总经理指着办公室内两个并排放置的高大铁柜，为应聘者出了难题——自行设计一个最佳方案，要求不搬动外边的铁柜，不求助外援，把里面那个铁柜搬出办公室。

看着每个至少有50多斤重的铁柜，9位善于广告设计的应聘者面面相觑，不解总经理为何出此怪题。有人还上前扶扶外面那个纹丝不动的铁柜，再看总经理那一脸的认真，又都认真地观察了一番那并排的两个铁柜，的确，他们认为到这是一道十分棘手的难题。

两个小时后，8位应聘者呈上了自己费尽心思设计的方案，有的运用了杠杆原理，有的运用了滑轮技术，还有的提出了分割想法……可总经理仿佛很不在意这些设计方案，信手一翻，便丢置一边。

这时，第9位应聘者两手空空地走了过来，她是一个貌似柔弱的女孩。她直接走到铁柜前，轻轻地一拉柜门上的拉手，那个铁柜竟然被拽了出来——其实里面的那个柜子是用超轻化工材料做的，只是外表喷了一层跟其他铁柜一模一样的铁漆，其重量轻得很，她很轻易地就将其搬出了办公室。

这时，总经理露出了难得的笑容。"这位小姐设计的方案才是最佳的——她知道，再好的设计最终都要落实到行动上。"

行动让心灵不再故步自封，它除掉了所有思想的废物。它不但能够摧毁不切实际的海市蜃楼，打碎眼前的坚固冰川，还能除浊扬清，让我们看到一个完美的世界。

宽容聚众义，大度集群朋

为人处世，首先应该提倡"豁达大度"的胸怀。豁达，也就是说性格开朗；大度，也就是说气量宏大。合起来讲，我们在处理人际关系时，应气量宽宏，能够容人。

气量与容人，犹如器之容水，器量大就容水多，器量小就容水少，器漏则上注而下逝，无器者则有水而不容。

古语道："大度集群朋。"一个人若可以有宽宏的度量，那么他的身边便可以集结起大群的知心朋友。大度，表现为对人、对友能求同存异，不用自己的特殊个性或癖好律人，只以事业上的志同道合为交友根本；大度，也表现为可以听得进各种不同意见，尤其可以认真听取相反的意见；大度，还要可以容忍朋友的过失，尤其是在朋友对自己犯有过失时，可以不计前嫌，一如既往；大度，更应表现为可以虚心接受批评，一旦发现自己的过失，就立即改正，与朋友发生矛盾时，能够主动检查自己，而不文过饰非，推诿责任；大度者，会关心人、帮助人、体贴人，责己严，待人宽。

气量大，还表现为在小事上不较真，不因小事斤斤计较、耿耿于怀。人生在世，谁都可能碰到这样或那样让人不快的小摩擦、小冲突。他人一冒犯了自己，便犯颜动怒，或者记下一笔秋后算账，这样只会将自己孤立起来。"私怨宜解不宜结"，在处理朋友关系时，尤其应该如此。"大事清楚，小事糊涂"，不计较小事，这是一种美德。假如朋友之间可以心地坦然，相互信赖，相互谅解，有了意见可以及时交换，那么，彼此之间即便有些成见也是不难消除的。　有些青年互相之间容易结死疙瘩，就是由于心胸狭窄，气量狭小，爱纠缠小事，时间久了，意见变成成见，怨气变成怨恨，感情上就会格格不入进而反目成仇。　在小事上宽大为怀，不会让你蒙受损失，只会让你受人敬佩。　西汉时的韩信，在年轻潦倒之时，曾有人逼他从胯下钻过去，确实是够欺人的。　后来，韩信被刘邦拜为大将，他不仅没有杀这个人，反倒赏之以金，委之以官，使其大受感动，不仅消除了私怨，最后还成为舍命保护韩信的勇士。韩信这种"以德报怨"的办法，比起有些青年一感到被欺负便"针锋相对""以牙还牙"的做法来，实在要高明得多。

　　一个人的气量是大是小，在心平气和时较难辨别，而在和他人发生矛盾和争执时，就容易看清楚了。　气量宽宏的人，不将小矛盾放在心上，不计较他人的态度，待人随和。　而气量狭小的人，则常常偏要占个上风，讨点便宜。　还有的人在与他人的争论中，在自己处于正确的一方、成为胜利者的时候，就心情舒坦，较为愿意谅解对方；但在自己处于错误的一方、成为失败者的时候，则常常容易恼羞成怒，对人家耿耿于怀，这也是气量小的一种体现。　朋友之间的争论是常有的，一个真正豁达大度的人，不应当因为他人与自己争论问题而对人家耿耿于怀，更不应当因为他人驳倒了自己的意见而恼羞成怒。

　　宽宏的度量，常常包含在谅解之中。　要想遇到不顺心的事且不发脾气，就必须养成可以原谅他人缺点与过失的品德。　待人接物，不应过于苛求，"水至清则无鱼，人至察则无徒"，对他人过于苛求，常常让自己跟他人合不来。　社会是由各式各样的人组成的。　有讲道理的，也有不讲道理的；有懂事多的，也有懂事少的；有修养深的，也有修养浅的。　我们总不可能要求他人讲话办事全符合自己的标准与要求。 真正的豁达大度者，在那些懂事较少、度量较小、修养较浅的人做了得罪自己的事情时，可以宽容他们，谅解他们，不与他们一般见识。 从这个意义上讲，那些最豁达、最宽容的人，就是最善于谅解人、最通达世事人情的人。

豁达的度量，从根本上讲是来自一个人宽广的胸怀。 一个人假若没有远大的生活理想与目标，其心胸必定狭窄，就像马克思所形容的那样：愚蠢庸俗、斤斤计较、贪图私利的人，看到的全是自以为吃亏的事情。 比方说，一个毫无教养的人往往只是因为一个过路人看了他几眼，就把这个人看成世界上最可恶与最卑鄙的坏蛋。

眼睛只盯着自己的私利，根本不可能有豁达与宽容的胸怀与度量。 "心底无私天地宽。"只有从个人私利的小圈子中解脱出来，心里常常装着更远、更大目标的人，才可能具备宽广的胸怀，领略到海阔天空的精神境界。

养成为别人着想的好习惯

俗话说："人之初，性本善。"它告诫人们，人生来是善良的。可是随着社会的进步，经济的发展，自私自利时刻击打着人们善良的本性，为成功设置障碍。这就要求人们必须知道克己自律，消除不良因素，养成先替别人着想的好习惯，这样才有助于取得成功。

自私自利损人不利己，不但不能取得好人缘，就连办事也会慢他人半拍，甚至出现僵局。不管在什么场合，都要时刻避免自私自利的念头，凡事多为别人着想，这才是取得成功的基本保障，也是中华民族的传统美德，更是每个人务必养成的好习惯之一。

安东尼·罗宾说起华人首富李嘉诚时说过："他有很多富含哲理性的话，我都十分喜欢。"有一次，有人问李泽楷："你父亲是否教了你很多赚钱的策略呢？"李泽楷说："父亲没有教我挣钱的方法，只告诉了我做人应知道的处世之道。"李嘉诚这样跟李泽楷说："与别人合作时，不要只想自己的利益，而要依据先为别人着想的原则办事。"

换句话说：要让别人有利可图。因此，每个人都明白，和李嘉诚合作不会吃亏而且有利益可图，所以很多人都乐意与他合作。从表面上看，李嘉诚仿佛有些吃亏，可事实上他赚到的更多。不妨想想看，尽管他在一个合作者身上赚到的利益相对比较少，可是将在 10 个、100 个、1000 个乃至上万个合作者身上赚到的利益集中起来，那将是一笔相当可观的财富。由此可以看出，先为别人着想确实对经商有很大的帮助。当然，这并不是说替别人着想这一原则只能在商界有效，它在其他领域中一样适用。

安东尼·罗宾本着李嘉诚替别人着想的办事原则，每当与人合作时，一定使用这种思维方式，长期以来就养成了先为他人着想的好习惯，所以，他的合作伙伴慢慢多起来。

罗宾觉得，天下没有卖不掉的产品，只有不会卖的人。如果今天所有的事情都只是利益的原因，或只要产品好就能卖出去的话，那天下就不再需要营销人员了。

在任何产品的营销中，人是最关键的因素。

迈克是一家信封公司的老板。有一次，他去拜见一个顾客，那个经理一看他就说："迈克先生，你不要来了。我知道你很有名气、很有成就，也很有钱，但我们公司绝对不会给你下信封订单的，因为我们老板和另一信封老板有25年的交情，早在25年前我们就和他开始合作。你也不用再来见我，因为有43家信封公司的老板拜访我三年都没有达到目的。因此，迈克先生我建议你不要白费时间。"

可迈克没有退却，他有的是办法，而最独特的方法就是一直先为别人的利益着想。有一次，他了解到这家公司采购经理的儿子很喜欢打冰上曲棍球，又发现这个孩子最迷恋的偶像是洛杉矶一个退休的全世界最有名的球星。后来，他知道这个孩子因出车祸住进了医院，这时，迈克认为机会来了。他买了一根曲棍球杆并请求那位球星签名后，十分高兴地来到了医院。当他到达医院后，孩子的父亲还没有到，那位采购经理的儿子问他是谁，他说："我叫迈克，是来给你送礼物来了。"孩子对他的礼物十分感兴趣，又问："是什么样的礼物？"他说："我知道你热爱曲棍球，这位是你的偶像，这是一根他亲自签名的曲棍球杆。"让他惊奇的是，小孩高兴得不顾脚疼，硬要下床。这时，迈克说他的工作完成了。

后来，当孩子的父亲来到医院时看到儿子整个人都变了，原本低落的情绪现在荡然无存。他问儿子怎么回事，儿子将整个事情的全部过程说了一遍。

结果可想而知，这个采购经理和迈克签下了400万美金的订单。

人都是有感情的，每个人都理解"投桃报李"的道理。因此，在做人、做事过程中，一定要把握好自己，不要让自私自利的想法蒙住了双眼，而要把先为别人着想的想法摆在心中首要位置，做任何事都要以此为标准，并把它当作一种习惯，用来完善自己为人处世的方法。

坚强的心态是无价的

现实中，很多人碰到一些挫折便自轻自贱，破罐子破摔，完全失去了自己固有的强大优势，变得平平淡淡，默默无闻。这是一种不理智的心态，也是破坏幸福的不良因素。

有一个外企女职员，在北京外国语大学上学的时候，是一个相当自信、从容的女孩。学习成绩优异，相貌出众，追她的男孩子很多。

毕业以后，她进了一家外企。在那儿干了一个月之后，旁人惊奇地发现，原先非常活泼开朗的她，竟然像换了一个人似的，不仅说话变得十分害羞，连做事也变得缩头缩尾。并且说起一些事情来，总是显得十分胆怯，和大学时候的她判若两人。

每天上班前，为了穿衣打扮她往往要比别人早起两个小时。她之所以这么做，是害怕自己因衣着不好而受同事或上司讥笑。

在工作中，她更是谨慎小心，小心翼翼，以至到了谨小慎微的程度。是什么使她有这么突然的变化？为什么本来开朗自信的她，参加工作以后就变得这么自卑了呢？

原来原因非常简单，是因为她不能承受工作中的挫折。有一次，经理要她将一份文件送到经理室，因为行动匆忙，她将文件搞乱了。当时，经理用严肃的态度告诉她做事要认真，女孩敏感地把经理的提醒当成了指责，从此做起事来缩头缩尾，生怕做错事。

还有一次，经理要女孩陪同见一位很重要的客户，女孩由于穿着不当受到了经理的批评，这就是女孩比别人早起两小时用在穿衣打扮上的主要缘由。

女孩的这种表现，在心理学上属于后天的认知性自卑，即主要是她的认知——她对周围环境的认知、对工作的认知、对同事与上司的认知，更主要的是对打击的认知。

受到经理指责后，女孩不敢正视别人的眼神，生怕看到别人鄙视的表情。听到经理的召见，她也显得神经过敏，每次向经理汇报工作时都十分谨慎。就这样，她的精神时刻处于十分紧张的状态中。

终于有一天，女孩不能承受这种精神折磨了，她慢慢变得消极怠工，对待工作也显得心不在焉，原有的闯劲也不知去向了。过了不久，女孩收到了公司的解聘书，无奈之下离开了这家公司。

女孩的做法是欠考虑的，不管是在工作中还是生活中，碰到一些挫折、打击是不可避免的，任何人都不是完人，不可能每件事都做得完美。人们必须意识到这一点，在遇到挫折、打击时，首先要端正心态，千万不要有破罐子破摔的心理，应把自己犯下的错误及时纠正过来。

很多年前在美国曾有这样一个故事：

有一个 16 岁的小伙子，在一家有名的五金公司当收银员，每个月领着极微薄的薪水，可依然心满意足地努力工作，因为他希望能通过脚踏实地的工作，使自己一点点高升，完成自己成大事的构想。

因此，他做起事来，一直抱着学习的态度，事事小心留意，想把工作做得更完美。他希望能够获得经理的欣赏和提拔，哪知经理对他的印象却正好相反。

有一天，他被叫进经理室，经理对他说："说实话，你这种人根本不配做生意。但你的手臂十分健硕，我觉得你还是到铁厂里当一名工人吧！我这里用不着你了。"

一番近乎侮辱性的指责，对于那位年轻的小店员来说，好似平地响雷，没想到自我感觉良好的他，会是这样的结局。大凡心高气傲的人，初入社会不久，便遭受这样严重的打击，都忍受不了。他们必定会被气得暴跳如雷，从此做任何事情都抱着悲观的态度，不愿"劳而无功"了。

可那位青年并没有这样做，他虽被辞退，可仍有自己的梦想。他要在被打倒的地方重新爬起来，争取更大的成就。

他对经理说："是的，经理，你可以将我辞退，可你无法打倒我的意志。你说我无用，当然，这是你的自由，但这丝毫不能减少我的自信。瞧着吧！早晚有一天我要开一家公司，规模比你的大十倍。"

他并没有撒谎，他说的句句是实话，尽管在那家五金公司跌倒了，但他把这次挫折当成激励，从那以后，他努力进取，几年后，果然有了惊人的成绩。这个人就是美国鼎鼎有名的玉米大王史坦雷先生。

从史坦雷先生的工作经历中，我们能够看出：当他遇到残酷的打击时，并没有因此而止步不前，也没有像上面那个女孩那样一蹶不振、垂头丧气，更没有磨灭心中那坚忍不拔的精神，也正是如此，他取得了成功，取得了伟大的成就。

在人生旅途中，面对打击时要用平常心态对待，要培养努力向上的精神，而不能破罐子破摔。

像史坦雷先生那样在遭受到打击后，努力拼搏的人不在少数，美国汽车公司总裁伍德先生也是其中一员。

伍德是国会议员出身，他仗着从前在国会演讲时经常博得听众拍手喝彩，便觉得自己是一个伶牙俐齿的演说高手，以此自满自足，洋洋得意，由此闹出了笑话。

有一天晚上，他跟以前一样，神采飞扬地登台演说，对象是一群目不识丁的煤矿工人，并且其中大多数是来自外国，对英语一点也不懂，可是，那天演讲台前仍旧被人们挤得水泄不通。其中有的是慕名而来，有的是被迫前来受教。伍德看到这种情况，更加觉得自己的演说真的有惊人的魔力，能让这么多的群众前来听讲。在演讲进行时，听众席中不时会爆发出雷鸣般的掌声，因此他愈加高兴，将音量放大，努力发挥他的"天才"。

演讲结束后，伍德春光满面，兴高采烈地走下演讲台，对身边的一位新闻记者说："我的演讲还算不错吧！他们好像都听得入迷哩。"

新闻记者冷淡地答道："你可能不知道，听众中懂得英语的至多有三五个人。"

伍德很是失望，记者的话使他很受打击，他半信半疑地说："那他们为什么还为我鼓掌喝彩呢？"

新闻记者说："你演讲时没有发现吗？那些为你鼓掌喝彩的人们，都是由一个懂英语的工头带领指使的。"

后来，第二个人上台演讲时，伍德认真观察台下情形，果然跟那位新闻记者说的一样。并且那个指挥的人，显然不是很高明，在不应拍手的时候，也带领群众热情地拍起手来。后来伍德和其他人谈起这事时，说："从那次以后，我慢慢怀疑自己的演讲水平，重新审视自己的态度，再也不敢自夸自大了。"

后来，伍德并没有由于那次演讲所闹出的笑话而丧失信心，他通过坚忍不拔的毅力，不断完善自己。他从那次演讲中吸取了经验教训，不断完善自己的演讲技术，改正自己的缺点，最终成了一名优秀的演说家。

在工作中，每个人都会碰到这样或那样的压力甚至是残酷的打击，主要看你怎样去对待它们。假如能用坚忍不拔的心态加以处之，结果肯定会柳暗花明，相反则可能一败涂地。因此，坚韧便成了一种克服困难的有力武器，培养坚韧的好习惯也成了当务之急。

我们都知道这样一句名言："失败是成功之母。"事实上，生活中的挫败、打击也是获取成功前的必要经历。遇到打击，人们没有必要破罐子破摔，只要把它看作成功前的磨炼就能够坦然面对了。

热情是领导者必备的素质

作为一个领导者，你的热情发挥效果的重要场所之一，便是你的智囊团。假如你与你的智囊团成员分享你的热情，不但能让他们获得你的热情，进而增加他们的热情，并且，他们对热情的反馈会支持和增加你的热情。

当智囊团全部成员都充满热情的时候，他们便有更多的自信心。随着自信心的增强，他们对无限智慧的洞察力也会更加敏锐与透彻，进而表现出更大的创造力。

一个无热情的人，是不可能统率千军万马的。

有一个名叫拿破仑的人——拿破仑·波拿巴，他发动一场战役只需用两月的准备时间，换成其他人恐怕得需要一年。

之所以能有这样的不同，恰是由于他那无与伦比的热情。战败的奥地利人目瞪口呆之余，也不得不称许这些跨过了阿尔卑斯山的敌人："他们不是人，是会飞行的动物。"

拿破仑在一次远征意大利的战斗中，仅用了15天时间便打了6场胜仗，缴获了21面军旗，55门大炮，俘虏15000人，还占领了皮德蒙德。

在拿破仑这次辉煌的成功之后，一位奥地利将领愤愤地讲："这个年轻的指挥官对战争艺术简直一窍不通，用兵彻底不合兵法，他什么都干得出来。"但拿破仑的士兵也恰是以这么一种根本不明白失败为何物的热情跟随着他们的长官，从一个胜利走向另一个胜利。

我们由衷地敬佩拿破仑，也应当赞叹拿破仑手下那些具有无比热情的士兵，热情会让人具有一种伟大的光芒。

因此，要重视你的智囊团成员的热情，还要培养与加强他们的这种热情。因为，热情能够排除前进中的很多困难和问题。在这一过程中，你会有出人意料的收获。

松下幸之助往往对处在各个岗位上的负责人这么说：

> 在你的部门，有种类繁多的工作。那么多的工作，即便你是部长，你也不会是神仙，不会什么都会做。甚至有时候就某一项工作来讲，你的部下更有才能；在其他的什么方面，他也可能比你更了不起。因此，你作为负责人、领导者，不是在所有方面或在专业技术方面都能指导的。然而，因为你处于领导的位置上，你还必须领导，必须管理。在这种情况下，什么是重要的？那便是对你所在部门的经营要比谁都更为热心，不可以低于任何人。知识、才能不及他人是可以的，因为优秀的人才有许多。不如人家是常有的事，但是，做好此项工作的热情你应是最高的。假如不具备这一点，做部长便不合格了。
>
> 作为位居他人之上的指导者，我以为当中最重要的一点便是热情。当然，作为位居他人之上的人，假如一

切全优于他人的话，不用说，这是不可挑剔的。既有知识，还有本领，还有才能，且人格又好的人必定是最理想的，但是实际上这种各方面都很出众的人大概还没有。就拿我本身来讲，在其他方面也会像我说的那样，学问和知识都没有多少，在这一方面不但说不上最高，倒能够说是处在最低的状态，还加上身体不好，在这一点上几乎劣于所有部下。无论怎样，作为社长与会长，位居大部分人之上，我对事业上的热情不亚于任何人，能够让每一个人都发挥出所拥有的力量，因此，我可以长期胜任重要的职务。我常常想经营这家商店、这家公司，自己一定要比任何人都有热情，这一点是最重要的。恰由于我有这种热情，员工们也便产生"他像父亲那样热心于公司，我们还有何理由不好好干"的情感。但是，即使有智慧、才华上远远好于他人的头脑，而在经营商店、公司时无热情，那么，在其手下的人们恐怕也特别难产生"在这个人的领导下使劲儿干"的情绪。这样一来，难得的智慧与才华也便彻底等于零了。虽然这样，在其他方面哪怕什么也不具有，但是对于经营的热情一定要保持。假若这样，即便自身什么也没有，部下也会有智慧的出智慧，有力量的出力量，有才华的出才华，各自全能合作。

特别是最近，公司在飞快地进步，技术上的事可说日新月异，还不时地有一些新的难题产生出来。就经营而言，大量使用电子计算机等进行复杂的分析已变成必需。对于我来讲，不是轻而易举就可以理解这种高超的问题的，从某种程度上说，甚至说我完全不懂也是实际情况。不只是我，一般的人要明确地了解那些专业性的东西也是特别困难的。这样一来，站在他人之上开展工作是十分不可靠的。但我觉得没有担心的必要，由于有通晓各专业的人，大家全会去做。因此，可以说，只掌握一知半解的知识没关系，而需要担心的是，自己能否有经营公司与干工作的热情。假若没有这种热情，人们便会各自离去，即便不离去，我想，他们为公司、为工作耐心地提供自己的聪明才智的情绪也可能会逐渐地淡薄下来。如果出现那种情况便糟了，因此，负责人、领导者必须常常地自问自答这些问题。假若是十个人的科长，在这十个人中自己是否最有热情？假如是百人的部长，或者是一万人的大公司的总经理，在这百人之中或者万人之中，自己对经营方面的热情是不是最高的？假若你自信是最高的话，那么你表面上哪怕像玩一样，也能够充分发挥大家的作用，还完全尽到责任。然而，假如对这个问题常常含含糊糊的话，那么，你还必须去培养这种热情。倘若缺乏热情，认真地讲，这个人恐怕就得不到负责人的地位了。

第三章

高情商就是会做人

有所为有所不为是一种境界

所谓"韬光养晦"策略，换而言之是"有所为有所不为"。其关键不在于这种提法自身，而在于具体的"为"与"不为"的选择决策上。这是糊涂学的奥秘之处，而这个具体操作是不会轻易公布于众的。

因此，就算是人家清楚你要韬光养晦，可如何"韬光"、如何"养晦"还是不清楚的，这样便达到了我们的意图。越王勾践的韬光养晦手段不是闭口不提这四个字，而是让一切看起来自然合理，不做超常的事。接着在这个"为"与"不为"上费尽心机做足功夫，遂成其功。

不管在职场还是在商场里，还是要韬晦一些相对好些。太急于显露自己的能力和实力，盼望尽快得到他人的承认和另眼相看，表现得急于求成是很不可取的。这样做不但会给人自高自大的印象，更关键的是会使你过早地成为人们的竞争对手。假如你没有厚积薄发的基础，一旦成为强弩之末，那就只有被人嗤之以鼻，赶出场外。因此，别太拿自己当回事。

有这样一个事例：

王某以前有一个十分严厉的上司，只要下属有一点点小错误，就会被他骂个狗血喷头。

这位上司终于要离开公司了，王某十分开心。新来的李经理很温和，所有的工作都不厌其烦地拿来与大家商讨。最初，王某十分庆幸来了个这么民主的上司，可没过多久，新的苦恼就接踵而来。

先是大量工作毫无价值地重复返工。过去的经理尽管武断，可在他手下工作只要按他的吩咐用心做好便是，不用过分操心。而目前的李经理一遇到工作就立即先要"听听大家的意见"，而且几乎每个手下的观点都能影响他的决策，十分没主见，弄得大家经常加班，效率却很低。其次是收入直线下降。自从新经理上任后，因为部门业绩大不如前，部门的收入连连下滑，开始每月能够拿到3500元奖金的王某接连三个月没拿到过2000元了。最后是心理上的折磨也慢慢浓郁。随着时间的流逝，大家对新经理的能力纷纷表示怀疑，有些同事甚至在背地里多次跟王某说："论资质，论水平，论才干，他哪里比得上你？为何让这种人来当我们的领导！"

因此，在那次好友的聚会上，王某把自己内心的烦恼一股脑儿地倒了出来。朋友议论纷纷地给他出了不少办法：有的说，跟他较劲，看看谁有能力！有的说，找上层领导反映，换掉他！还有的甚至提议，直接辞职，不伺候这种"低能儿"了！

最后，王某还是听取了父亲的意见。父亲说："无论你的上司怎样低能你都应该尽力辅佐他，在努力工作中寻找新的机遇。"因此，王某及时调整了心态。他时刻牢记，不要老盯着上司的缺点，要认真地认识自己的上司，他必然有过人的地方，要不为何能力平平的他却能得到眼前的位置呢？

从那以后，王某就尽自己最大的努力去帮助上司。

原本王某的上司也早听说了他的能力，心里早已有所提防。可是看到王某这么真心诚意地辅佐自己，不但渐渐消除了防备，而且从心底里对王某充满了感激和信赖。

在工作中，王某自然没有放弃寻找和创造新的时机。在不给上司制造压力的条件下，王某尽力抓住一切机遇表现自己的才华与能力。与不如自己的上司搞好关系，努力为他做好工作，就是为了韬光养晦，蓄势待发。

不出所料，过了没多久，王某就引起了公司上层领导的重视。当他们向王某的上司了解情况的时候，得到的是积极的评价和大力的推荐，因此，王某理所当然得到了提拔。

常言道："木秀于林，风必摧之。"锋芒毕露的人极容易遭到别人的不解和敌视，在政治斗争中尤其这样。善于保全自己，急流勇退，不是悲观地避凶就吉，而是为了养精蓄锐，待机而动，这就是韬光养晦。《周易·系辞下》："尺蠖之屈，以求信也；龙蛇之蛰，以存身也。"

做人不妨"迟钝"一点

一次，一位法国人连夜驱车赶路。在一个十字路口，自动信号灯刚巧变红。虽然四周已无人影，但那位法国人也依旧刹车停住。好半天，红灯还是不变，灯恰好失灵了。他回到车里等待，直到翌日清晨有人来修好灯才走。

这则故事可能有些夸张，可法国人的那种差不多冒傻气的做人行事的性格，却是很多接触过法国人的人士都有所体会的。这种"傻气"，或曰"迟钝"，会被很多"精明"的人耻笑，可做人太精明未必就是好事，有点儿"迟钝"，反倒能保持住纯真的本性，于己于社会都有很多好处。

我们说，做人可以试着有点"迟钝"，其本质是保持我们纯真、诚实、正直的品行，而不去为了自己，动歪脑子卖弄小聪明。

头脑太聪明、个性太精明的人，一般都很难对付。因为脑子整天转个不停，无论什么事情都会事先计划好，让人有放松不得的感觉。同时，一发现别人的缺点，便会马上指出来，即使没有当场表明，也会让对方认为："这个人不知道有什么目的！"警戒之心油然而生。这种让人随时心生警惕的人，怎么还有魅力可言呢？因此，假如让这种类型的人物登上领导者的宝座，下属们恐怕再没有好日子可言了。

领导者的表现假如过于敏锐，便成为使下属充分发挥所能的障碍。 假如领导者能稍微掩饰自己的锋芒，使下属的才能得以充分发挥，才是一位魅力十足的成功领导者。 比如，有"装有电脑的推土机"之称的田中角荣，就属于这类型的人物。 因为他兼备极其精密的计划才能以及超群绝伦的实行力，所以荣获此称号。

假如领导者的作风过于敏锐、精明，与之接触的人都会受其指责，这样一来，部下当然不会轻易将自己的真正意见告诉领导者，而会自发性地把活动压制下来。 领导者尽管没有实际采取批评下属缺点的行动，可平常所表现的行为过于敏锐，下属也会自然畏惧，因为他们的内心会觉得："我何必自找麻烦，以致被上司挑骨头呢？"

聪明是一笔财富，主要在于如何使用。 真正聪明的、有才智的人会使用自己的聪明和智慧，能做到假装迟钝给人安心之感。 不到时机时不会轻易使用，要貌似正常，让人家嫉妒你，最终达到自己的目的。 最忌讳一味地出风头，无论必要或不必要，无论合适不合适，时时处处显露精明，那样不但不会帮助自己，相反会使人对自己更加地防范和疏远。

身为领导不可以太精明，作为下属更要迟钝一点。

有一位台湾朋友曾讲过下面这个故事：

我在一家百货公司工作时，曾经为了和某大企业家达成协议，拜访过好几次对方的府邸。

企业家尽管是万贯家财的大富翁，却十分小气。别家百货公司也曾尝试着和他打交道，都不得要领，大家都认为要使他成为百货业的客户是不可能的。可是，因为公司老板下令"去看看"，我也只好来回奔波。

某一天，不知道他为了什么事，异常开心："嗯，上来吧！"最终，我可以登堂入室了。原想这一次该有好的回报，事实却不然。可能是穷极无聊吧，"当我还年轻的时候……"这个古怪老头儿忽然开始滔滔不绝地说起他怎样从一介平民奋斗成为大富翁的经历。这一番话差不多说了两个多钟头。客户的家是日本榻榻米式布局，对方正襟危坐，我自然也不能直膝而坐，最初还能频频点头，注意地听，后来脚实在酸疼难忍，他的话已经变成耳旁风。30分钟后脚彻底麻木，过了一个钟头，额头直冒虚汗。

"今天就到此为止吧！"

这个奇怪的大富翁说完就站起来。我也想站起来，没想到下半身整个麻木，一不当心，"嘭"的一声摔个四脚朝天！

可能是发出相当大的倒地声吧，女佣吓了一大跳，慌忙跑过来说："发生了什么事？"

最后，奇怪富翁看见我这个大男人居然跌地不起，"真是个没用的东西！"嘴上说着却高兴得合不拢嘴。

奇怪富翁终于成为我们公司的客户，这是由于可怜我这个"没用的东西"的结果。

往往，伟大的人都喜欢反应迟钝的人，牢记住这一点是不会错的。

任何领导都有获取威信的必要，不希望部属超过并取代自己。所以，在人事调动时，假如某个优秀、有实力的人被指派到自己的部门，上司就会忧心忡忡，因为他害怕某一天对方会抢了自己的权位；反之，假如是派一位十分平庸的人到自己的部门，他便可高枕无忧了。

有一位刚刚毕业的大学生，凭借自己的优秀表现，很快在一家公司找到了工作。由于自己的专业知识扎实，头脑又灵活，很快就融入工作中，赢得了上司的称赞和同事的羡慕。但他却有点恃才傲物，别人的事情，他都爱插手，尽管提的意见有时很有价值，但别人都不买他的账。有一次开会时，上司提了一个方案，他立即进行反驳，并提出了自己的建议。上司表面点头称赞，心里却对他产生了怨恨。后来公司找了一个理由，将他辞退了。

由上可知，过分显露自己的才华和智慧，过度地招摇，首先会招致对自己的损害，特别是受到有妒忌之心的小人的进攻。忍耐住这种自我显示的情绪，一则能促使自己谦虚向上，二则可以安他人之心，保护自身不受伤害。

更多的时候，上司需要并提拔那些忠诚可靠但表现可能并不是那么突出的下属，因为他觉得这更有助于成就他的事业。在古代有个传说，叫"南辕北辙"，即目的地在南方，但驾车的方向却瞄准了北方，结果跑得越快，离目标越远。同样的道理，假如上司使用了不忠诚的下属，这位下属一直同自己对着干或者"身在曹营心在汉"，那么，这位下属的才能发挥得越充分，对上司的利益损害就越大。

所以，聪明的部属总会千方百计掩饰自己的实力，以佯装的愚笨来反衬领导的高明，力图以此获得领导的喜爱与欣赏。当领导表达某种观点后，他会装出恍然大悟的样子，并且带头叫好；当他对某项工作有了好的可行的方法后，不是直接发表意见，而是在暗地里或用暗示等办法及时告知领导，同时，再抛出与之相左的甚至很"愚蠢"的建议。时间一长，虽然在群众中形象不佳，有点儿"弱智"，可领导却十分赏识，对其情有独钟。

在不显山不露水中成就事业

古代有句十分贴切的谚语："低头是稻穗，昂头是稗子。"愈成熟、愈饱满的稻穗，头垂得越低。只有那些穗子里空空无实的稗子，才会显得招摇，一直把头抬得老高。

富兰克林年轻时，有一次去一位老前辈的家中做客，他想抬头挺胸走进老前辈低矮的小茅屋。可不料，一进门，"嘭"的一声，他的额头撞在门框上，马上肿起了一个大包。老前辈笑着出来迎接说："很痛吧？你知道吗？其实，你今天来拜访我最大的收获是知道了一个人要想洞察世事，就务必时刻记住低头。"富兰克林牢记住了，后来也成功了。

在社会中，与人交往，只要稍有点处理不当，就会导致不少麻烦。轻则工作不愉快，重则影响职业生涯。所以，与人相处，我觉得最主要的是要学会低调！

为人过于直率，不懂隐忍，激情冲动一般是幼稚、肤浅所致，你要做到无论是在顺境或逆境时，都能以低调的心态对待。

学会低调做人，是处世的一门基本哲学，是为人的一种境界，是用心生活着和生活过的人的一种很好的体会、感悟。"低调做人"被所有真正的成功人士视为圣经。

爱因斯坦因为创立了相对论而声名大振。有一次，他9岁的小儿子问他："爸爸，你怎么变得这么有名气？你到底做了什么呀！"爱因斯坦说："当一只瞎眼甲虫在一根弯弯曲曲的树枝上爬行的时候，它看不到树枝是弯的。我恰巧看出了那甲虫所没有看到的事实。"

在一般情况下，忍住表现自己才智的欲望，能够获得更多才能；保持不自满的心态，能够避免由于炫耀自己的才能导致他人对自己妒忌、诋毁、打击和陷害。

历史上的名人、能人、英雄豪杰，都是身怀绝技，可他们也都明白"山外有山，天外有天，能人背后有能人"的道理。因此，要想取得胜利，后发制人，就要保持低调，不轻易露出和表现自己的才干。

西汉时的韩信，年轻时家里贫穷，没有事干。曾有个人欺负韩信说："你尽管长得又高又大，喜欢佩带剑，事实上内心怯懦。"而且当众辱骂韩信说："你若不怕死，就刺我一剑；假如怕死，就从我裤裆下爬过去。"韩信仔细想了一下，俯身从那人裤裆下爬了过去，全街的人都嘲笑韩信懦弱。

后来，滕公向汉高祖刘邦提起韩信，最初刘邦不知道他，便没有重用他，因此他就逃走了，萧何亲自去追他，并对高祖说："韩信是难得的国士之才，您要争取天下，非要韩信不可。要宴请他，选一个好日子，斋戒设坛、完备礼教才可以。"刘邦听取了萧何的建议，拜韩信为大将军。刘邦取得天下之后，韩信被封为齐王，位为淮阴侯。

真正聪明的人，不会恃才傲物，他们为人处世，以自谦好学为荣。时常以自己的无知或不如人而惭愧，可以得到更多的学习机会，向别人求教，丰富和完善自我是他们的目标。纵使自己确有才智，也不会到处去出风头，不去刻意地炫耀或表现自己，而是克制和压抑住自己争强好胜的心理。

低调作为一种做人手段，尤其是对于很多普通人来说，是绝对不可缺少的。因此，可以说："一事当前低调为高。"

对自己的朋友、上司，你没必要事事据理力争。对于自己的长辈、上司的某些指示命令，因为主观理解上的不一致而得不到很好的执行，而你却已经尽了最大努力。在这种情况下，上司、长辈对你批评和指责是很正常的，不要急于分辩，觉得自己十分委屈，事实上，错误就在你的身上。

学会低调做人，就要不喧嚣、不矫揉造作、不卷进是非、不招人嫌、不招人妒，纵使你觉得自己才华横溢，能力比别人强，也要学会藏匿。而埋怨自己怀才不遇，那只是肤浅的行为。

低调做人，即用平和的心态来对待世间的一切，修炼到这种境界，为人便能善始善终，既能够让人在贫贱时安贫乐道，宽容大度，也能够让人在显赫时持盈若亏，不骄不狂。

美国有位企业家亚科卡，20世纪70年代初担任福特汽车公司总经理，八年时间内为福特汽车公司挣了35亿美元的利润。正值他春风得意之时，因为嫉妒和猜疑，他被老板亨利·福特辞去了福特汽车公司总经理的职务，离职回家。面对精神上的重创和打击，54岁的亚科卡没有向命运屈服，他决心韬晦待机，寻找一个可以施展自己才华、成就一番事业的机会，用成功的事实让亨利·福特终生难忘。

为了实现自己的理想，他回绝了一些条件优厚的企业的招聘，而接受了当时危机重重、濒临破产的克莱斯勒汽车公司的聘请，担任总裁。上任后，他先是对公司组织机构作了很大的调整，并在全体员工尤其是主管人员中，实行以质量、生产力、市场占有率和营运利润等要素来决定红利的策略，主管人员没有完成预期的目标，将扣除25%的红利；还规定在公司还没有起死回生之前，最高管理级别人员减薪10%，而亚科卡本人的年薪只有象征性的1美元。他想以此证明，大家都在为走出困境而奋斗。为了争取政府贷款，他亲自出马到新闻界四处游说，简直就像个被告一样站在国会各个小组委员会面前接受质问。他因为过度劳累，导致眩晕症复发，几乎晕倒在国会大厦的走廊里。

历经几年奋斗，克莱斯勒汽车公司最终走出逆境，开始扭亏为盈。1983年盈利9亿美元，1984年的利润高达24亿美元，1985年第一季度获纯利5亿多美元。亚科卡也摇身变成美国的传奇人物。

人要在社会上有所作为，一定得具备很多的条件，比如高深的学问、恢宏的志气、宽阔的胸怀、良好的修养等，这些都是曲折人生旅途中最大的助力。 其中低调更是不可缺少的修养。 低调并不是退缩，而是用平常心去看待世间一些不平事。

低调做人，是一种品格，一种心态，一种气质，一种修养，一种胸怀，一种智慧，一种谋略，是做人的最佳姿态。 欲成事者必要宽容于人，从而为人们所容纳、所称赞、所佩服，这正是人能立世的根基。 根基既固，才能枝繁叶茂，硕果累累；假如根基浅薄，便难免枝衰叶弱，禁不起风吹雨打。 而低调做人则是在社会上加固立世根基的绝好姿态。 低调做人，不但能够保护自己、融入人群，与人们和谐相处，也能够让人积蓄力量、暗地潜行，在不显山不露水中成就事业。

不要让他人感觉相形见绌

在日常生活中，待人处世中，假如想表现自己，就需要有谦谦君子的心态，懂得安抚他人的心灵，即不可以使对方产生相形见绌的想法。

有一位女士，她的宝贝女儿从剑桥毕业回国后，在一家金融机构工作，每月数万元薪水。这位女士自然十分自豪，她面对亲朋好友时，言必称女儿的风光，语必道女儿的高薪。偶尔被女儿发现，极力阻止母亲，说一直夸自己的女儿，炫耀自家好，人家会有不太好的感受，不要因此伤害了他人。

女儿的话言之有理。 可见在表现自我时，要预防过分表现自己，切勿使别人心理失衡产生不快而影响了彼此间的关系。

有个朋友，讲了这么两则故事：

有对好朋友，甲靓丽，乙相貌平平。她们一起去参加舞会，舞场上的很多男士多次与甲共舞，却在不经意间冷落了乙。甲下意识地认为到很不妥，因此借口身体不适，奉劝朋友们邀请乙。男士们尊重了劝告，乙被男士们带入了舞池，乙的高兴自是不言而喻的。

甲以友情为重，不想朋友被忽略，因此机智地采取了一种平衡方法，使乙的心灵得到安抚，这必定会使她们的友谊更加深厚。

英格丽·褒曼在荣获两届奥斯卡最佳女主角奖后，又由于《东方快车谋杀案》中的精彩表演获得最佳女配角奖。可是，在她领奖时，她多次夸奖与她竞争最佳女配角奖的弗伦汀娜·克蒂斯，觉得真正获奖的应该是这位落选者，并真诚地说："原谅我，弗伦汀娜，我开始并没有打算获奖。"

褒曼身为获奖者，没有叨叨不休地叙述自己的成功与辉煌，而是对自己的对手推崇备至，努力维护了对手落选的尊严。不管谁是这位对手，都会非常感激褒曼，会把她当作倾心的朋友。一个人能在获得荣誉的时刻，这样善待竞争的对手，这样与伙伴贴心，的确是一种文明典雅的风度。

上述故事告诉我们，为了维护良好的人际关系，你的言行举止都要为对方的感受考虑，要学会安抚对方的心灵，不可以使对方有相形见绌的想法。与此同时，自己也会安然自慰，有一个愉快的心情。

在生活中，时常能够看见一些人大谈自己的得意之事，这是不好的。对方不但不会觉得你是了不起的，甚至会觉得你是不成熟的、炫耀过去好时光的人等，因此，尽可能不要提自己的得意之事。

可是，每个人都想被评价得高一点。明知不可谈得意之事，可却不由自主地大谈特谈，这是人性中十分矛盾的一面。因此，根本不谈得意之事自然不可能，但同样是谈得意之事，可以试着注意一下谈的方式。

注意要点之一，至少在别人未谈得意之事之前，自己也不要说，即单方面大谈得意之事不雅。先让对方发表演讲之后，那种坏印象也就褪色了。因此，聪明的人就先煽动对方："您的见闻广博。"纵容对方发表得意之事，接着若无其事地说："我也知道这样的事。"这样，巧妙地穿插了自己的得意之事。

敢于说"我错了"是高情商的人

人们能够承认外表、钱财、地位上的差距，却很少会认同自己智力上的差距。当西奥多·罗斯福入主白宫的时候，他坦承：假如他的决策能有 75% 的正确率，那么，就能够达到他预期的最高标准了。如罗斯福这样的伟大人物，最高的希望也只是这样，何况我们普通人呢？

与他人交往中，假如你直接地告诉对方："你错了。"你觉得他会同意你的想法吗？绝对不会！因为这样直接打击了他的智商、判断力和自尊心，这是他最不能忍受的。他要做的只会是反驳你，而绝不会改变看法。聪明的人绝对不会这么说："好！我马上证明给你看！"这话大错特错！这无异于说："我比你更聪明。我要告诉你一些道理，使你改变观点。"这么说等于断了自己的后路。这种说话方式只会导致争端，让对方远在你开始之前，就做好作战的准备。

19 世纪，英国有名政治家查士德·斐尔爵士对他的儿子说："要比别人更聪明——假如可能的话，不要对人家说你比他聪明。"

假如有人说了一句你觉得错误的话，你想指出这种错误，这样说会更有效果："噢，这样的！我倒有另一种观点，但可能不对。我往往会弄错。假如我弄错了，我很愿意被改正过来。我们来看看问题到底出在哪里。"用"我往往会弄错"

"我可能不对""我们来看看问题的所在"这一类句子，确实可以收到神奇的效果。 你承认自己可能会弄错，这样就不会给自己招致麻烦了。 因为这么做，不仅会避免争执，并且还会使对方跟你一样宽容大度，使对方也会承认可能是自己的错。 好比拳头出击一般，伸着的拳头要想再打出去，必须先缩回来。

所以，不管碰到什么情形，都不要与人争辩，不要总是批评他人的错，而是要运用一些技巧方法，采取必要的退让，才能改变别人的观点。 埃及阿克图国王曾授予他儿子一个精明的告诫："谦虚一点，它能够使你有求必得。"我们不能从这句忠告中获益吗？

卡耐基说过："纵使傻瓜也会为自己的错误分辩，可是承认自己错误的人，就会获得他人的尊重，而有一种高贵超然的感觉。"

哈尔德·伦克是道奇汽车在蒙大拿州比林斯的代理商。他说，汽车销售这个行业有十分大的压力，所以，他在面对顾客的埋怨时，一直冷酷无情，因此发生了冲突，使生意减少，还发生了很多的不和谐。

"知道这种态度并不会带来益处后，我就试着换一种办法。我会这么说：'我们的确犯了不少错误，真是不好意思。有关你的车子，我们或许也有错，请你告诉我。'这个方法很有效果，可以使顾客解除戒备，而等到对方气消之后，一般就会更讲道理，从而事情就可以很容易地处理掉。很多顾客还由于我这种理解的态度而向我表示感谢。甚至还有两位客户介绍新朋友来购买我们的商品。在这种竞争如此激烈的商场上，我们需要更多这一类的好顾客。我相信对顾客所有的建议表示理解，并且以灵活和有礼貌的方式加以处理，就会成就胜利。"

因此，假如我们知道免不了会遭受指责，何不抢先一步，自己先承认错误呢？ 听自己指责自己远比让别人指责会更好。

你要是清楚某人想要或打算责备你，就自己先把对方要指责你的话说出来，那对方就拿你没办法了。 在这种情形下，十之八九他会以宽大、理解的态度对待你，原谅你的过失。

在某件事情上，可能你没有错，承认自己有错或许令你有些难过，可这样做事情一般会成功，以此证明你认错是有意义的。 何况在绝大多数情形下，你最后还是要把对方的错误改正过来，只是不是在你们的一开始，而是在气氛缓和下来时，你的方式也不是那么生硬而是委婉地表达出来。

新墨西哥州阿库克市有一个布鲁先生，他在给一位请假的员工计算薪水时出现了差错。在他意识到错误后，就告诉那位员工，而且解释说一定得纠正这个过失，他要在下次工资支票中减去多付的薪水金额。这位员工说这样做会给他带来严重的财务问题，所以请求分期扣回自己多领的工资。可这样一来，布鲁先生必须先得到老板的允许。"我知道这样做肯定会使老板十分不满。在我考虑怎样以更好的方式来解决这件事情时，我明白这一切的混乱都是由于我的过失，我必须在老板面前承认错误。"布鲁先生说。

"我走进老板的办公室，告诉他说我犯了一个大错误，接着把事情的经过告诉了他。他大发雷霆地说这应该是人事部门的错误，可我反复地说这是我的错误。他又大声地批评是会计部门的疏忽，我又解释说是我的过失造成的。他又批评办公室另外两个同事，可是我反复地说这是我的错误。最后，他对我说：'好吧，这是你的过失。现在把这个问题处理掉吧。'"

　　最后，这个错误被处理掉了，并没有给任何人带来麻烦。在这样一种紧张的情形下，有勇气不去寻找理由，而是承认自己错了，是多么明智的选择。

承认自己有错，也无异于承认对方是对的。 你后退了一步，让对方大大前进了一步，你并没有损失什么，却带来了很大的好处，这种做事的"心机"还不值得一学吗？

"吃亏"和"受益"是互为依存的

在为人处世的哲学中，吃亏和受益是一种互为依存、互为结果的关系。一个人不能事事只想着受益，有些事情当时即使真的受益了，最后致使的结果依然有可能是吃亏；我们更不能时时怕吃亏，有些事情当时或许是吃亏了，可事后仍有机会会出现一个受益的结果。天地轮回，平衡是一个永恒的主题。不管哪一个人，不管哪一件事，都不可能一直受益，也不可能永远吃亏。

有一位老干部因收受了2万元钱，而担当了地方黑势力的遮阳伞。东窗事发，这个老干部被判刑入狱，公职没有了、工资更没有了。这个年近50岁的老干部，每个月拿3000元的工资，正常情形下他能够活到70岁以上，按每年国家发给他的工资为3万元来算，20年是多少？30年是多少？可为了区区2万元钱，丢掉了差不多100多万，哪个更划算一些，还要仔细算吗？自然，他在收别人2万元钱的时候，他觉得是占了天大的便宜。

温州有位商人十分的精明，以"吃亏"赢取了信誉的提高。他在陕西铜川创办了家机电设备公司，人呼他刘老板。有一次，有个老客户来买电器配件。客户情况紧急，因为缺少这个配件，其所在的企业停产一天将损失 5 万多元。

刘老板找遍了全部的公司，都没这个配件。他劝客户不要担心，并担保在一天之内一定把货找到。刘老板亲自开车直奔西安，哪知西安也没货。因此连夜乘机飞赴杭州，下飞机已是凌晨 3 点。他不惜花几百元车费又打的奔向温州老家。

在温州，他费尽周折才买到那个奇缺的电器配件。为了赶飞机，出租车路过家门口，他也没有停下来看望父母。当他把货递到客户手中时，一看表，正好 24 个小时。一个 300 元的配件，最多赚 30 元的利润，可刘老板付出的，除受累、受饿，还花费了 3000 多元的路费钱。

客户所在企业第二天就敲锣打鼓送来大匾，当地媒体也来采访报道，马上，刘老板宁愿吃亏的事在业内广为流传，其公司生意也日益红火。这件事说明，刘老板深谙方圆处世，为不失去老客户，赢得长远的利益，当下小的损失又能算得上什么呢？

小陈大学刚毕业就进入了一家出版社工作，在编辑部上班。他人活泼机灵，又十分热心，同事们都清楚，有事就去找小陈，绝对没二话，小陈的口头语是"吃亏就是占便宜"。出版社的工作大都是很忙的，老板又不想增加人手，因此编辑部的人有时还要做一些发行部、业务部的工作。一般的人多干一会儿活儿就会不满，怨声载道。只有小陈仿佛旋转不停的陀螺，却总是笑呵呵的，指挥他做什么事，他马上就会去做。有时即使让他做一些搬书、装书的力气活儿，小陈也从来不埋怨什么，有同事私下里对小陈说："图什么呀？又不给加薪水，你一个编辑，他这是拿你当苦力用啊！"可小陈却付之一笑："吃亏就是占便宜嘛！"同事们见他如此，只好无可奈何地摇摇头。

后来，老板使用最多的人就是小陈，他仿佛每个部门的临时助手一般，如果一时人手不够，连员工都会去叫小陈帮忙。取稿、跑印刷厂、邮寄、直销……全部的业务流程，小陈大都参与过。

慢慢地，小陈对整个出版社的运作状况都十分熟悉了。几年之后，他创办了自己的文化公司。那些"吃亏"时磨砺出来的经验，给他帮了大忙，他一上手运作，马上就进入了状态。

从某个角度上来看，有些人希望在年轻时多经历一些挫折磨炼，因为还有再来一次的机会。多干一点，也说明你可以在另一个舞台上展现自己，让你充分发现自己另外一方面的才能。可能你会从中找出更多的机遇，你人生的旅途也会多一次选择的机会。

很多时候，可能很多员工都觉得老板是不公平的，可从另一个角度上来说，老板使用一个员工也是一种投资，他指使你去多干一点活儿，也是在为你提供一次机遇，是一种磨炼。我们的人生也是一种投资，今天你投入最多，运作得当，以后你就收获得多。假如你不肯投入，不肯付出努力，那么，你注定以后会一无所有。

不管对待哪个人，成功都是最公平的，无论你吃亏没吃亏，它只知道你努力没努力，它不以金钱作为计量单位，你心智的程度、人生阅历的增加，在它那里有完善科学的指数，它给你最公平的打分。可机会却是调皮的，它情愿光顾那些吃亏的人，他们的每一次付出都是在一点点地向机会靠近。

许立信是移民美国的香港人，他曾参加创办 Machines。2000 年该公司出现亏损，第二年被美国纳斯达克摘牌。2001 年底许立信用 16 亿美元把 Machines 私有化，公司的运作重见生机，摇身变为仅次于戴尔和惠普的美国第三大电脑制造商。2002 年经许立信劝服，Gateway 以 29 亿美元的价格收购了 Machines。在那次交易中，许立信从中获利约 13 亿美元。他把获利所得的一半拿出来分给公司员工，上至管理层，下至货仓工人大约 140 名员工，差不多每个人得到的钱大概是人民币 400 多万元。有些员工拿到钱后感动得都流泪了，因为普通的老板几乎不会这样做。而许立信则觉得自己并不是一个大方的人。他说："我已经把最大的那份留给了自己，每个员工都有分享到他们努力成果的权利。"

在当今生活中，大部分人都是想着怎样利己，而许立信不避讳自己的利己——给自己留了最大的一份，可是他在利己的同时兼有另一种美德，即利人。而知道利人的人是特别有智慧的人。

智者一般都觉得吃亏是福。 无论你是做老板也好，还是做生意场上的伙伴也罢，手下的人跟着你有好日子过，有希望，他才会一心一意为你付出，因为他明白，老板生意好了他才会好；而生意场上的伙伴同你做生意总能赚得到钱才能一心一意与你合作。 因为他知道，你赚你的，他赚他的，有钱就该大家赚。 做老板的很多人都很小气，商人多少要算计。 给员工工资福利多一些，资本就会增加，自然"吃亏"；给生意伙伴多几个点的折扣率，利润就会少些，自然也会"吃亏"。 可你让员工得到了好处，你有肉吃他有汤喝，你得一分他获五厘，纵使他不是一心一意为你，他只是追求他自己该得的那一份，但他得到的同时，你不是也收获了更多吗？ 假如你的生意伙伴明白，同你做生意肯定会比同别人做得到的多些，并且不是一次，而是每次，他就不会朝三暮四、舍你求他。 要知道并理解吃亏就是占便宜，并且身体力行，这的确是一种很高的境界。

　　有的人貌似精明强悍，"宁可我负天下人，不愿天下人负我"是他们为人处世的原则。 可是，如果老是想着捞社会的油水，吃一点亏就大闹大叫，结果只能是老吃别人的亏。 他们忍不得一点委屈，有一点委屈就四处讲说，结果一辈子受尽了窝囊气；他们想一直昂首站在别人的头上，向世人卖弄他是多么了不起，结果他却一直受别人的欺负和嘲笑；他们把自己当作其他一切的主人，可结果却比起其他一切人更像奴仆。

　　可是，也有一些人遇事情愿自己吃亏，结果世人都情愿让他占便宜；宁愿委屈自己也不愿委屈他人，结果却能扬眉吐气；向社会只求付出不求索取，结果却从社会中得到了许多好处；从来不把自己放在他人之上，反而赢得了大家一致的尊敬与喜爱；从来不与别人争权夺利，结果他没有一个竞争对手，在社会上独居一格。

在现实生活中，我们要想把事事都做得有"余"，就先要学会"吃亏"！

做了朋友再做事

台湾台塑企业董事长王永庆认为，在自己的事业发展过程中，人脉关系起到了一个十分关键的作用。在王永庆进入塑胶工业时，根本就不知道它是什么东西。然而，就是凭借超人的胆量和锲而不舍的精神，他持续地奋斗，历经艰险、勇渡难关，在朋友的支持下，最终在塑胶行业站立起来。

王永庆在刚进军塑胶行业的时候，经济发展环境好似一片荒芜的废耕地。在那时，他需要面对资金困乏、原料短缺、市场极其狭窄且封闭等各种棘手的客观条件。在这种困境下从事 PVC 塑料粉的生产，他就仿佛是一个手中缺少工具的人，要在极为贫瘠的土地上耕耘。

当时，台湾当局建立了"经济安全委员会"，尹仲容聚集人，负责制订玻璃、纺织、人造纤维、塑胶原料、水泥等建设策划，并且计划运用美国提供的资金。原本，在塑胶原料这个项目上，尹仲容等人打算让官方企业来担当。后来，因为各种原因，才改由民营企业来承担 PVC 项目。

在最初的时候，尹仲容等人选中的是何义。何义是台湾早期从事化学工业的永丰化学公司的总裁。那时，他在台湾是颇具影响力的。早在 1951 年，他就引进了日本 PVC 技术，经营 PVC 的生产，开创台湾生产 PVC 之先例，只不过规模十分小。何义是一个十分精明的企业家，当他听说投资兴建 PVC 厂能够得到美国的经济资助，还能够得到政府的辅导时，他十分爽快地就答应下来了。很快，何义就建立了福懋塑胶有限公司，他甚至为创办 PVC 厂，还亲自远赴欧洲、美国和日本进行实地考察。

何义从国外考察回来以后，得到了一个十分不好的结论。因为，他看到美国、欧洲和日本等这些国家的厂商日产 PVC 量都是在 50 吨以上，但在那时台湾计划是日产 4 吨。对此之下，产出得越少，成本必定就越高。此外，台湾全岛日消耗的 PVC 只有 2 吨，剩下的 2 吨还得自己寻找市场。何义最后得出一个判断：在市场上，成本高、价格贵的台湾 PVC 要想打败成本低、价格低的日本、欧洲、美国 PVC，这不是一件易事。经过这么一合算，何义就决心放弃这个项目，可是，他并没有把这个消息对外公开。

王永庆在转行后主要是从事工业生产。尽管他已经从事了工业生产，可是，他还是不清楚该从哪里着手，并且，他也不清楚台湾当局设立的"经济安全委员会"正在制订玻璃、纺织、人造纤维、塑胶原料、水泥等建设计划的消息，但是，王永庆有一个生意上的知己，叫赵廷箴。王永庆与赵廷箴之间的交情颇深，王永庆以前借钱给赵廷箴解决了他的危机和困难。因此，在赵廷箴的眼中，王永庆是一个十分讲信誉的商人，也是一个值得他信任的好朋友。

一天，王永庆去找赵廷箴，正好在当时他们两个都想从事制造业。因此，两个人在商议了很久之后，王永庆就接收了赵廷箴所提的意见：投资水泥行业。

接着，王永庆就向台湾"工业委员会"报告，可是出乎意料，申请报告在递交上去之后，才知道水泥申请项目早已被台湾水泥界前辈束云章老先生抢先拿走了。他们两人再次商量了一次，决心投资轮胎业，可是，轮胎业项目也被别人抢先一步。这时，两人全都傻了眼。

后来，赵廷箴和王永庆又利用种种关系，经过别人的介绍结识了尹仲容。

这时，何义恰好在办塑胶厂的问题上一直都没有明确的态度，而且，何义在到日本考察途中不幸去世，这更让塑胶厂的项目面临着夭折的悲剧。

由于何义的突然去世，塑胶厂的项目就不得不再次商议，也就在这个节骨眼上，王永庆和赵廷箴出现在尹仲容的眼前，这真是一个绝好的机会。尹仲容确实如获至宝，因此，他便吩咐手下的严演存一定要想方设法地劝说王永庆和赵廷箴来参与 PVC 这个项目的投资。

严演存按照上面的指示，找到了王永庆和赵廷箴，十分客气地向他们仔细地介绍了有关 PVC 投资项目的一些计划，并且建议让王永庆放弃轮胎项目，转向投资 PVC 这个项目。

在听了严演存对 PVC 项目的一番介绍之后，王永庆一时也不能决定怎么办。为了保险起见，他又去问了尹仲容，尹仲容仿佛早就猜到王赵二位会来找他。因此，尹仲容就向他们详细地介绍了塑胶行业发展的一些前景，并且还为他们详细介绍了有关美国方面的资助和台湾当局对塑胶行业的优惠政策等等。

在听了尹仲容的这一番话后，让王永庆心里有了底。于是王永庆最终下定了决心，对赵廷箴说："怎么样？咱们一起干吧！"赵廷箴点了点头，因此就和王永庆的手牢牢地握在一起说道："好，我们一起干吧！"

在王永庆咨询了相关的专家和学者、拜访了一些企业的名人、亲自远到日本去考察之后，他认为投资塑胶行业有前景。

那时，有许多人都嘲讽王永庆不自量力，说他连塑胶是什么都不清楚，就做塑胶生产，并预言王永庆及其合伙人最终必定会倾家荡产。

可是，在朋友赵廷箴、尹仲容的支持下，王永庆最后还是在塑胶方面作出了巨大的成就。

"装傻" 也是一种处世哲学

"装傻"，也就是说假装傻子。可真正的意思不是"白痴、愚昧、傻里傻气"，而是强调一个"装"字。

特别是对于刚刚出校门的学生，这一招的确是最重要的，属于大智若愚的招式。

尹小月家庭条件优越，并且还是重点高校的毕业生。在她毕业后，通过自己的努力和父母的引荐，进入一家全国排名在前的销售公司上班。与她一起分配来的还有叶丽。叶丽来自一个小城市，还是个大专生，不管从文凭还是从外表、家境上比，叶丽都不及尹小月。可是，两年之后，尹小月和叶丽所在办公室的主任晋升副经理，副主任晋升主任，空缺的副主任一职居然落到了叶丽身上，而尹小月仍然是一位最平常的普通职员。原因何在？就在于叶丽很会"装傻充愣"。

其实，"装傻充愣"的第一步就是顺从领导的指示，就算是明显的错误，也不要当面指正，要学会"装傻充愣"。身为新进入单位的部下，你在领导心中必定还没有充分的地位，就算你提出的建议是正确的，你的上司也不见得会放在心上，尤其是在你还没有了解领导喜好的时候，贸然地表现你的聪明和过人之处是最傻的表现。

在尹小月和叶丽进入公司的第二个月时，主任让尹小月和叶丽分别去统计公司的总销售情况，他不厌其烦地告诉尹小月和叶丽怎样去根据区域划分，制作表格。在接下来的一周里，尹小月用 Excel 做了统计表。可叶丽却多次地向主任请教，然后根据主任的意思在 Word里做了一个琐碎而繁杂的表格。一个星期之后，当尹小月和叶丽分别将自己的表格交给主任的时候，主任对尹小月的表格十分不满。他认为尹小月太懒，没有统计详细的数据。尽管尹小月一再跟主任解释她的统计法则，但主任还是执意让她根据叶丽的格式再另做一遍。主任给尹小月的理由再简单不过："我看不懂你做的是什么！"

背地里，尹小月向叶丽抱怨，叶丽微笑着对尹小月说："你做的真的不错，可是这就像买东西，你认为最好的东西顾客不一定喜欢。还是耐心慢慢重做一遍吧！"

很多女孩进入办公室，都喜欢问这问那的，像领导的背景和资料、办公室的人际关系等。作为新进人员，女孩们尤其喜欢表现自己的优势，好比一件原本与自己不相关的事情，非要用自己知道的那么一点皮毛去表达一下自己的建议。女孩们还喜欢攀比，喜欢收入和福利，总怕有什么利益自己得不到。然而，这些都是职场的大忌讳。要真正成为上司信任的得力部下，就要学会装，伪装什么都不在意，什么都不在乎，什么都不知道，什么都不明白。

历代名流贤士多有淡泊名利之心，特别是"小隐隐于山，大隐隐于市"之类。隐于"市"的有才有德的人，以"装傻"来迷惑皇室朝廷，以达到自己不愿做朝廷的"奴才"或"帮凶"，更不愿被朝廷以忌才之念而陷害谋杀的目的。皇室权势之大，无所不在。越危险的地方越安全，所以，大凡真正的隐士，一般隐于闹市街区，以外露的"傻"，来隐其身，避其祸，励其志。

乾隆年间，有一次在刘墉的引导下，乾隆皇帝作了一副对联："一片二片三四片，飞入草丛都不见。"

当时，在大臣们的一片讨好奉承之声中，乾隆将对联据为己有。刘墉有"铁胆铁嘴"之称，他马上张嘴想说出此对联原是他的作品（据说，此对联出自他的某篇文章），可刚说出："实则，此句为臣下……"之时，便被乾隆怒目视之，大有杀人之意。

刘墉不愧是官场鬼才，立即换颜以对："臣下也有所感，皇上以数字入联，其词其景，都是无可挑剔的。"这时，乾隆才龙颜大悦。事实上，整个朝廷上下，刘墉锋芒太露，到处与人为难，甚至连皇帝也不放过。所谓"树大招风"，所以，上至皇亲国戚，下至七品芝麻绿豆官，对刘墉怀有怨恨之心的大有人在，每时每刻都有人想寻找机会抓住他的小辫子，扳倒他。但是，刘墉善于为官之道，一般能用"装傻""转嫁""表屈实硬"等手段，将别人迫害他的举止一一化解。为他化解灾难次数最多的，就数"装傻"了，很多故事被后人传为经典，有的还被编为故事，在民间流传。可见，"装傻"也是一种生存之道，"装傻"也可以在合适时候为自己化解困境。

"难得糊涂"乃至理名言。这是在官场奔波的人道出的一句发自内心之言，这句话历来被尊为高明的处世之道。只要你知道"装傻"，"装傻"的技术够好，那么，你就不是傻子，而是大智若愚。做人千万不要恃才自傲，得理不饶人；锋芒太露最易遭嫉恨，更容易与人为敌；功高震主不知给多少下属臣子招来杀身之祸。这时，"装傻"就是与领导打交道时最重要也最为高明的技巧：把自己的过人之处隐藏起来，对于对方有过失之处更不能当面给予指正。人际交往中，"装傻"能够巧妙地为人遮丑，自找台阶；可以佯装不知达成幽默，反唇相讥；能够佯装疯癫迷惑对手。谁不清楚其中真相谁就会被愚弄；谁不能理解大智若愚之本义，谁就是真正的傻瓜、白痴、愚笨者。所以，在交际场合中有时候不要表现得太精明，让自己适当地佯装一下糊涂也是很好的。有时候，得过且过也是为人处世的好方法。

法国有位农学专家，在德国吃过土豆后，觉得土豆味道不错且有营养，因此，他很想在法国推广种植土豆。可他越是热情地宣传，别人越不相信。医生觉得土豆有害于人的健康，有的农学专家认定种植土豆会使土地不再肥沃，宗教界称土豆为"鬼苹果"。经过很长时间的思考，这位一心推广土豆种植的农学专家，终于想出一个新法子。在国王的允许下，他在一块有名的低产田里栽培了一批土豆，用一支身穿仪仗队服装的国王卫兵看守，并声称不准许任何人靠近它、挖掘它。可这些士兵只在白天看守，晚上都撤走。人们受到诱惑，晚上都来挖土豆，并把它栽到自己家的田地里。就这样，土豆很快便在法国推广开了。这个推广土豆栽植的建议获得成功，就得益于情境的巧妙利用。直接说土豆好，没人会相信；让皇家种植，国王卫兵看守，隐喻的情境意义也就是：这是十分贵重的物品。由此把人们的占有欲望诱发了出来，加之栽种后亲自品尝与体验，确保有益无害，就会使人们彻底接受这种陌生的农作物，这是交际情境的魅力所在。这个主意之所以能够取得成功，就在于利用了人们的好奇心强这一点，睁一只眼，闭一只眼，制造了一个使人接触土豆的时机，因此产生了可喜的效果。农学专家把装傻技巧运用到推广土豆的行动中：佯装睁一只眼，闭一只眼，让百姓把那些土豆偷走种在自家的地里，使推广土豆的计划执行得十分顺利。

"装傻"，可以给人或给自己找台阶下，这样既能挽回自己的颜面，也不使别人有丝毫尴尬。可是如果错把"不当场合"视为"适当时间"而"装傻"，则会起到相反的作用。

在会议上，假如老板询问下属的建议时，你为了不表现自己从而不和别人相争，纵使腹中已有"成竹"，可还遵守"沉默是金"的规则，仿佛没什么有效建议可提。那么，在老板眼中，你对讨论的议题没有自己的见解，也没有勇气站起来发言，只不过是一个没能力的下属，这样的印象对你以后的发展很不利！

所以，在这种场合就不能"装傻"，而要有条理地将自己肚子里的观点看法全部提出来，以理服人。这样，不但别的同事会十分敬佩你，而且也会引起领导对你的赏识，而不会是像你一直想的那样——与人"争斗"，有失身份，会遭人嫉妒。

从上可知，"装傻"是一门拥有一定的深度和很高技巧的学问。

在日常生活中，为人处世要想学会适当地运用"装傻"方式来为自己趋利避害，就要从细微之处锻炼自己的洞察力与分辨能力。

只有自己在为人处世方面站在一定高度的时候，你才能从全局上掌握时机，从发展中发现突破口。

无论是在当今，还是遥远的古代，以装疯卖傻来完成自己梦想的人比比皆是。这就表明了，人生中该糊涂的时候，就要学会装傻糊涂过去。不要在每时每刻都做出十分精明的样子。但这不是让你真正地傻，而是要外表上装傻，心里清楚。这不但有利于你在商场上如虎添翼，也可以适时地为自己减少一些不必要的麻烦。

"不"字如何出口是学问

　　每个人都是有自尊心的，当一个人有求于别人时，一般都带着惴惴不安的心情，假如一开口就说"不行"，一定会伤害对方的自尊心，引起对方强烈的反感，而假如用委婉的拒绝方式让他意识到"不"的意思，就可以收到良好的效果。

　　要拒绝、阻止或驳回对方的某些要求、举止时，你可以找一些原因作为借口，避免与对方直接对立。好比，你的同事向你推销一套家具，但你却并不需要，这时候，你可以这么说："这样的家具的确很便宜，只是我也弄不清楚到底什么样的家具更适合现代家庭，所以，我想再考虑考虑。"

　　在这种情形下，同事也只好带着似懂非懂的心情离去，因为他听出了"不买"的意思，虽然想要继续劝说你什么，但"更适合现代家庭"却是一个非常朦胧而模糊的概念，这样，即便同事想进行"第二次进攻"，也会由于找不到准确的目标而只好作罢。

　　在遇到这样的情况时，先不要着急拒绝对方，因为你应该尊重对方的意愿，自始至终认真听完对方的请求，先说一些关怀、同情的话，接着再讲清实际情况，说明不能接受要求的理由。因为先说一些让人听了产生共鸣的话，对方才能相信你所说的情况是真实的，相信你的拒绝是因为无奈，因而也能够理解你。

　　美国总统富兰克林·罗斯福在担任总统之前，曾在某海军军部担任要职。一次，他的一位好朋友向他打探在加勒比海一个小岛上创立潜艇基地的计划。罗斯福很神秘地向周围看了看，压低声音问道："你能保密吗?""肯定能。""那么，"罗斯福微笑着回答，"我也能。"

罗斯福用轻松诙谐的语言委婉含蓄地回绝了对方，在朋友面前不但坚持了不能泄露机密的原则立场，又没有使朋友陷入尴尬的境地，取得了很好的表达效果。 以至于在罗斯福去世多年后，这位朋友还能快乐地谈及这段总统轶事。 反之，假如罗斯福表情严肃、义正词严地加以拒绝，或者心怀疑虑，仔细盘问对方为何打听这个、有何目的、受谁指使，岂不是小题大做、颇为扫兴，其结果一定是两人之间的友情出现裂痕或者危机。

同时，委婉的拒绝可以让对方知难而退。 比如:

有人想让庄子去当官，庄子并未当面拒绝，却是打了一个比喻，说:"你看到太庙里被视为供品的牛马了吗? 当它还没被宰杀时，披着华丽的布料，吃着最好的饲料，确实很风光，可一到了太庙，就被宰杀成为祭祀品，再想自由自在地活着，可能吗?"庄子尽管没有正面回答，但一个很形象的比喻已经作了答复，让他去做官是不可能的，对方当然也就不再坚持了。

事实上，拒绝别人的方式有许多种，只要费点心思，用点"心机"，便可以给自己找个漂亮的借口，这样既能委婉含蓄不至触犯别人，也能为以后的交往铺好一条道路。 正是"欲想说'不'，何患无辞"，假如你想对别人说"不"，便应用点"心机"多找借口。

转弯抹角说话有时是可取的

　　转弯抹角在这里含有设置悬念的意味，一开始，你的话离你所想说明的意思相差十万八千里，让对方摸不着头脑，非常想知道下文。接着，你才转弯抹角地把话题拉近，最后将自己的意思全部表达出来，却常常与对方所期望的情形有十分大的出入，于是，期望与现实产生矛盾，语言的魅力就这样产生了。

　　希尔先生喜欢吃鱼，并且尤其喜欢吃鲜鱼。一天中午，他沿着湖边散步，他想这里必定有好鱼。果然，他看到旁边一家餐馆的黑板上写着"供应鲜鱼"。于是，他马上走进餐厅就座。很快，女招待端上一盘鱼，却是一条煎鱼。

　　希尔先生认真观察着盘中的鱼，自言自语，却不动手，女招待见了感到十分奇怪，她问道："先生，还缺什么？要不要盐？"

　　"谢谢，不用了。"希尔先生说完，又开始自言自语。

　　"那您为何不吃呢？"

　　"你瞧，我现在正处于悲伤之中，"希尔先生说，"我叔父 8 天前在这里淹死了，我正在询问它是否知道此事。"

　　"多有趣！"女招待嘲笑道，暗想这人必定是疯子，因为最近这里根本没淹死人。

"鱼怎么说呢?"她笑着问。

"噢,它对我说,8天前我叔父淹死的时候,它不在水里,因为它已经在厨房待了10天了。"

直到此时,那位听得稀里糊涂的女招待总算搞清楚了希尔先生的真实目的了,不禁为之哑然失笑。

希尔先生对鱼的新鲜程度表示怀疑,可他并不是直接向女招待说出,因为那样的话或许会招致女招待的否认和反驳,根本起不了任何作用。因此,他巧用转弯抹角术,把话题扯开,再一步步回到正题上,以问鱼这么一个荒唐的情景,编造一个其叔父淹死的故事,含蓄委婉,拐弯抹角地说出了"鱼根本不新鲜"这样一个意思,不但使人哈哈大笑,也让女招待不能反驳。

希尔先生以幽默作为武器,含蓄地指出了餐馆所存在的问题,真是让人叹服不已。精通了这种说话方式不仅能帮助你获得他人的好感,也不致因说话太直而冒犯别人,相反,有时会更有助于一些问题的解决。

福从口入，祸从口出

日常生活中，我们往往能看到，一句话可以变干戈为玉帛；一句话也能够变亲友为仇人；一句话导致功败垂成；一句话更可以改变一个人的人生。 由此可见，说话与人生密切相关，说话与成功关系重大。

善于说话的人，到哪里都受人欢迎。 他们可以让许多互不相识的人拉起手来，成为朋友；他们可以为人们分担忧愁，消除疑虑和误会；他们能够抚慰愁苦烦闷的心灵，勇敢地面对现实；他们可以鼓励悲观厌世的人，微笑着面对新生活。

会说话，是一种立足社会的基本能力。 它可以使你的难成之事美梦成真，从而让你在人生旅途中事事顺心；它可以让你在紧要关头化险为夷，从而让你在社交中一帆风顺，在商战中左右逢源；它可以使你快速说服他人，从而赢得与他人珍贵的合作机会；它能够使你受到上司的器重，得到同辈的敬重和赢得下级的拥护，从而让你的事业锦上添花，平步青云。

在日常生活、工作中，对于朋友、同事和家人的不足，应选择在合适的时机、在合适的角度，以十分诚恳的态度和尽可能委婉的口吻表达出来。 一句话常常可以把人说笑起来，但也可以把人说跳起来，我们用于说话的口，一定不能成为枪口或炮口，也不能让说出的话好比子弹或炮弹一样伤人。 开口说话，要给人以花儿朵朵盛开、泉流石上的感觉。

谈吐能力，会直接影响到社交的成败，这并不是夸大之辞。 同样一件事，会说与不会说大有不同，一句话能够把人说笑，一句话也能够把人说怒，这之间有天壤之别。

从说话所使用的词汇及内容，就可以清楚这个人的个性。古代人多主张少开口说话，因此有"沉默是金"的俗语。

可好朋友之间的秉烛长谈就不能说是长舌，这时就可以天南地北地聊，不必担心引起他人的不快。

"沉默是金"之类的名言或谚语，并不是要警示大家不要说话，而是希望大家不要不加限制地任意发表意见。 俗话说"祸从口出"，乃是指朋友之间一旦关系变得十分亲密就容易口无遮拦。 而每个人的情绪都是时常在变的，当情绪不好时、身体不舒服时、有苦恼时、心中有所顾及时的行为表现都与平时不同。 所以，即便是对于亲密的朋友，也要正确地使用词汇及注重礼仪。

刘昊和吴梅相爱三年了，但到现在还没结婚，原因很简单：吴梅的父母不认可这门亲事。

前段时间，吴大伯因病住院。刘昊忙前忙后，端茶送水，让吴梅一家颇为感动，两位老人总算没再反对他们的婚事。

两个月之后，吴大伯康复出院了。为祝贺老人康复，刘昊专门去大酒店订了桌酒席。

晚餐在热闹的气氛中进行着，全家老小难得聚在一起，自然要畅饮个痛快。吴大伯由于刚病愈，不能喝酒，刘昊便轻声地对旁边的服务小姐说："麻烦你先上一碗饭。"

很快，服务小姐就把饭端上来了。刘昊刚要伸手过去接饭，吴梅的叔叔说："你怎么能够这么快就吃饭呢？这些天辛苦你了，我还没跟你喝一杯呢。"

刘昊连忙分辩道："不是我，是伯父要饭。"边说边毕恭毕敬地把饭放在吴大伯的面前。

刘昊的酒量不好，几杯酒下肚后，略有醉意了。他发现邻座吴大伯的脚下有一串钥匙，于是好心提醒道："伯父，您钥匙掉了。"边说边下去把那串钥匙捡了起来。可捡来一看，那钥匙竟然是自己的，他十分不好意思地笑了笑，就把钥匙放到自己口袋里去了。

这顿丰盛的晚餐，花了刘昊半个多月的工资，可一想到就能与吴梅携手到老了，心里还是十分开心。

万万没有料到的是，吴梅第二天打来电话，提出要与刘昊决裂："我爸被你气病了，不就是吃了你一餐饭吗？先是说我爸要饭，接着又说我爸要死掉了（钥匙掉了），哪有你这么讲话的人?!"

由上可知，语言能够修饰一个人的仪表，开口说话就一定得很注意才行。古人云"病从口入，祸从口出"讲的也是这个道理。身为一个当代人，每天都在不停地说话，务必十分小心才能避免闯祸。

有些人表面看起来见多识广的样子，即便对于自己一知半解的事，他也信口开河地表示自己的意见。可事实上，他是个半吊子，那些口吐莲花的功夫只能吓唬刚见面的人，深入接触后就会使人感到厌烦。这是因为，这样的人所提出的都只是自己主观的个人观点，并没有客观的事实根据，说来说去都是同样的事。

还有些人喜欢分辩，分辩一般是因为不想为过去说过的话负责，朋友之间的交往最关键的是它不会成为过去，而是现在式或未来式。唠唠叨叨地分辩是由于规避责任或拖泥带水、鲁莽、不加反省的性格所致。假如对方是个不肯承认过错、一直不肯以积极的态度面对问题的人，那就最好不要和他接触。

此外，还有一项要留心的是词汇的利用。对于年长者、身份地位高的人或是同辈、同身份、没有利害关系的人，开始使用的词汇，即便以后愈来愈亲密也不可有所更改，而粗鲁、低俗的词汇绝对不可使用。假如让对方认为自己说话不诚恳，交往就很难长久维持下去。人是感情动物，很容易会因为环境或角度的改变而动摇，所以，最好不要说让自己遗憾的话。

在一次聚会上，一位女青年穿了一件新颖时尚的连衣裙，那款式和色彩都很引人注目，另一单位一位男青年见到后，在欣赏之余不由随口说："这件连衣裙真漂亮呀！把人衬托得更靓丽了。"这位女青年听了之后，并不介意，十分有礼貌地回答："是吗？谢谢您！"因此氛围就显得和谐融洽了。假如这位女青年不是这么说话，而是心怀反感，用粗话反击："谁要你管，流氓！"这样说保不准就会引起一场争吵，让气氛紧张起来。所以，在社交场合，尤其要注意说话得体，讲究语言美。

说话要有分寸，说话也不能伤人。 言语伤人，是不经意间的，如果人家嫉恨在心，以后的报复是没有办法预料的，一般很多的怨仇误解都是从这儿来的。 "说者无心，听者有意"，因此，说话不可不谨慎。 少言就寡过，为何多说话呢？ 少说几句别人不会把你当作哑巴。

　　刚到一个公司，你的首要工作就是在最短的时间内融入这个集体，以免受到排挤和孤立。 因为大家都不是很熟悉，因此，说话的时候千万要把握分寸，不能想说什么就说什么，每讲一句话之前，都应先思索一下是否合适。 不同的场合，对不同的人，有很多话是不能脱口而出的，不然会给人留下轻浮、不稳重的印象。

　　"多言"无益，有的人为了在别人面前炫耀自己的所谓知识素养，便找有人的地方与人"死说滥道"，极尽所能地"卖话"，自以为口吐莲花，滔滔不绝，精彩得不得了，只可惜他先天不足，话说得再多，说来说去还是那些千年陈事，以致听者纷纷昏昏欲睡。 可是这种冷落仿佛并不会让他那张滔滔不绝之嘴因此而收敛，假如逢得谁寒暄地捧他两句，他那"说话"的"热情"就更挡不住啦！ 岂不知非理性的热情会让人的情绪处于非理性的激动，有多少人为求得语不惊人死不休的光彩，反倒造成口误连连？ 假如只是普通的交流而出现口误，还能让人一笑了之，但是一些高级领导人也张嘴闭嘴就犯这类低级的错误就叫人的确是笑不起来了。 即便口误自身有些可笑，但由于出自高级领导人之口，因此，留给人们更多的则是不解，真是不想惊人都难啊！

　　美国前总统布什的消息一直都被很多媒体炒得沸沸扬扬。

别的不说，只说他为讲究讲话达到尽善尽美，反而屡屡造成既不善也不美的口误例子就很多。

2004 年 8 月 5 日，美国总统布什在签署国防拨款法案后就反恐问题做了演讲，他在特意强调政府的反恐决心时，情绪亢奋起来。他说：“我们的敌人变换手段，随机应变，我们也如此。”他接着说，“他们从不停止考虑危害我们国家和人民的新方式，我们也如此。”更让人惊讶的是，布什出现这样令人瞠目结舌的口误，当场的所有美国高级军官和国防部官员竟然没有一个人马上做出反应。可能是由于这些高官们涵养高，早就习惯了如何去适应布什出口即犯错这个老毛病。但是，布什这一次倒是发现了自己又没管好嘴——胆怯了，因此连忙不动声色地改口道：“我们会永不停息地思考最好的对策，努力去保卫我们的国家和人民。我们一定永远超越在敌人的前面！”布什爱说话，他的话比美国历届任何一个总统都多，与此对应的口误率也相应为最多。大部分美国人都觉得布什一直口头不太利落，说错话就是家常便饭了。

人并非一生下来就会招惹是非，可凡招惹是非者十有八九与嘴脱不了干系。 中国成语中对嘴最经典的解释莫过于“唇枪舌剑”，由此可知，最能要人命或保己命的“枪”与“剑”都被嘴抢了风头，这个世界上还有什么能比嘴更“厉害”？ 难怪当魏人张仪在楚国因被怀疑偷了和氏璧而被打个半死、郁闷不得志时，其妻垂泪劝告之"舌头还在"，居然能让他高兴不已。"舌头在便是本钱，不愁发不了迹。"舌头是什么本钱呢？自然是说话的本钱。

由此可知，一根舌头两片唇，枪剑既能够杀人也能够救人；能够降福消灾也能够与祸同归。人的心愿都是好的，既然一张嘴既能生好事也能生坏事，谁不情愿让自己的嘴给自己多带来些福而少些灾难祸患呢？可是，这一切都源于一个前提：管好自己的嘴。管好自己的嘴并不是叫自己的嘴不要说话，而是要学会如何说话。胸有城府而不言者很可怕，可比这更可怕的就是出口成祸者！

常言道，"一言可以兴邦，一言可以丧邦"。古人有很多感言，简而不凡，让人读后长时间不能忘记。"一言可以兴邦，一言可以丧邦"，悟出了在关键时刻"一言"的分量。它的机理不但在于精彩的逻辑性，更在于它对语言丰富内涵的教义。

的确，"邦"可以解释为国家，亦可称作国家大事。既然是国家大事，必然由国君政客议商。要议商就要讲话，这对政客来说，可不是信口开河、可以拿不负责任的话来开国家玩笑的事。政客这样，国君更应该这样。不然，你那掌握国家国民生杀大权之嘴略有"不慎"，就很可能招致动乱。

当年周厉王暴虐施政，百姓苦不堪言，四处怨声载道。大臣邵公虎听到国民的议论越来越多，于是，进宫求见厉王说："百姓忍受不了啦，大王假如不改变政策，出了乱子就不好收拾了。"厉王因此下了一道命令，禁止国民议论朝政。周厉王还找来卫国的巫师，要他们特意刺探议论朝政的人，说："假如发现有人在背后议论我，你就马上报告。"被卫巫报告者，周厉王就把他们杀掉。因此，国人真的不敢在公开场合里大声议论了。人们纷纷把自己的嘴管住，即便在路上碰到熟人，也不敢相互交谈。周厉王见卫巫报告议论朝政的人没有了，非常得意，兴冲冲地告诉邵公虎："我有能力阻止人们的非议，他们再也不敢胡说了！"邵公虎听了消谤的经过，高呼："这是用强制的方式来控制住国众的嘴啊！"周厉王听了正要对他发怒，他却不紧不慢地进一步解释说："防民之口，甚于防川。川壅而溃，伤人必多，民亦如此！是故为川者决之使导，为民者宣之使言。"正由于这样，治水的人便要彻底排除淤塞，让其畅通；统治人民的人便要指引民众，准许他们自由地发表言论。

以上故事是典型的因事而论，就事论事。邵公虎通过类比的方法，以三言两语就把"危国"事情的严重性分析得既得体又明白，让这个以暴政闻名的周厉王从中明白了"防民之口"所"利"与所"害"，不仅没有杀邵公虎，反而马上改正了自己的错误。由此可见，在关键时刻，视事而言分寸的把握是何等的重要！可能有人会认为前面所谈的事例离我们日常生活太远，"邦"也太大。殊不知，即便你所处的是一个小小的团队，或是一个"三人制"之家，一样也会有很多让你意想不到的事让你去面对，同样也有你一定要说话的时候。假如你不注意对事件本身的剖析，你就很难准确地把握说话的分寸，你所在的团队或你建立的家庭很可能会由于你"不慎"之言而受牵连！

社会上有两类人最讨人嫌：一种是漏勺似的话多的女人；一种是没事找事只会胡侃的男人。凡是有人在的地方，都是这帮人"说事"的场所。他们最大的特征，就是不管大事小事都能饶起舌来。在侃爷们口中，天下就没有他们不知晓的事，世上就没有他们不敢骂的人。他们侃些什么或说些什么，反正闲着也是闲着，以侃取乐，侃晕了白活。社会上有很多被扭曲了的事实，常常就是出自这号人之口。至于他们真正的能力到底怎样？天晓得！

破嘴侃爷假如真的只会"侃晕拉倒"的话倒也罢了，主要是他们还乐于对过眼之事指指点点、乱加指责。由于"碎功"或"侃功"了得，因此一说起话来，总是让人听了十分窝火。听者一旦窝了火，双方就会出现矛盾，就会生事端。例如在江苏南京就发生了一起因侃爷碎嘴没事找事，最终双双挨揍的事。

　　侃爷张某与其妻刘某原本是从苏北到南京工作的搬运工。一天下午，夫妇俩将货物搬运到市第二果品市场。在等工钱的时间里，张某见货主不住地清点货品，嘴便又痒了起来，于是他说了一句："箱子都数不清，大脑少根筋哦！"一语刚落，货主就怒了，他回过头来朝着张某就是一拳。站在旁边的刘某又再添了一句："你们不会说话，只会动手打人呀？这话要是你们领导说的，看你们如何？"这下把当场的所有搬运工都惹火了，一起围上来对张某和刘某一顿拳打脚踢，直打得夫妇俩满地找牙。行凶后，这伙人快速消失……动手打人自然要受到谴责，可事出有因。因又在何处？碎嘴侃嘴伤害他人。

事实上，日常生活中不知有多少人正是由于自己"嘴痒"爱碎嘴胡侃，而屡吃拳头或类似于拳头之类的亏呢。我看他们没什么可埋怨的，要埋怨就埋怨自己愣有那张不知分寸、没事找揍的碎嘴侃嘴吧。说大话者虽易闪断舌头，可好说大话的人并不见得就是毫无对处。依据人们时常"该说话时就说话，该闭嘴时就闭嘴"的观点，有时候说点儿大话，还真能起到改变局面的作用。例如冯铨，他能"一心事二君"，老而全身退之，其本事就全靠一张嘴，其中的大话必定少不了。由此可见，说大话要看针对的是什么事，要先想好大话是不是应该说。在"没有什么话不能说"的现代社会，说大话差不多都快成为一种时髦了。只是人们在听大话之时或多或少地都明白留根筋就是了，到底说归说，信归信，你要是不信，说大话者也不能强逼着你信的。关键是，很多事经人以三寸不烂之舌吹成了泡沫，竟还是不鲜见轻信者。

宋代柳宗元说过："言而无实，罪也。"柳公把说那些毫无事实根据的话，即说那些不负责任的话视为犯罪，真可谓谨记箴言。 平常俗人也好，商人官员也罢，善于"说"并没有什么不好，主要是要实事求是，用"分寸"二字管好自己的嘴，只有这样，你才会过得踏实、坦然，并且也无须为哪天由于说话失了分寸而闪断舌头忧心忡忡了。

思想跟着环境变

在大家的心目中,香港华达投资集团董事长李晓华就是一个从"北大荒走出来的亿万富翁"。

这既是对他人生经历的一个综述,也是对他以前生活所培养出的一种敬业精神的承认。每当说到李晓华,行内的人士都会对他叹服不已。

那么,李晓华为何被赞赏呢?最主要的原因是他能在市场中随时变化经营方针,总保持着旺盛的竞争力,可以随环境的变化而改变自己,在市场竞争中游刃有余。

李晓华首次南下广东时,完成了他人生第一笔投资交易,那时,他花几千元买了一台喷泉果汁制冷机,就快速地回北京了。

他选择了北戴河,因为那是我国有名的旅游避暑胜地。在那时,他提供设备,一位当地的朋友提供场地和人员,于是一间冷饮商店红红火火地开业了。

夏天气温高,前来避暑的旅客,渴了、累了或是在太阳下走乏了,看到这个清爽冰冷的大玻璃罐都被其吸引,冒着汗排起了长队,一杯接一杯,那种清凉、甘甜的滋味直沁心底,这台冷饮机当时十分风光。

那是一个难忘的夏天,李晓华尝到了真真实实成功的滋味,他的喜悦从心底油然而生。更为关键的是,他对自己的市场敏感度和果断决策能力充满了自信。

李晓华是一个不断上进的人。他在想，现在在北戴河出尽风头的冷饮机，明年必定就不那么新鲜了。一些脑筋转得快的人会很快跟上，那时，北戴河同样的冷饮机必然会大批地出现，竞争激烈可想而知，利润也会越来越低，因此，他决心另辟蹊径。

朋友得知他要将冷饮机就地出让，替他担心了："那无疑是印钞票的机器呀，你怎么这么傻?"可他并没有因此而改变主意。

事实又一次证明了李晓华的正确判断。第二年夏天，这种冷饮机在北戴河海滨挤作一团，竞争十分激烈。

李晓华知道随机应变、急流勇退的经商哲理，这也是他总能只赚不赔的重要原因。当市场空缺时果断决策，拼命赚取最大的利润后马上改变生意方向，做出必要的回应。

几年以后，李晓华想用手上的那批最开始的原始积累涉足新的买卖。李晓华用敏锐的观察力发现，随着国家经济的不停发展，人们在物质生活得到满足后，对精神生活的追求也在不断提升。可因为国家文化政策的相对滞后，并没有及时意识到人们这种消费心理的转变，从而更没有给予指导。

李晓华觉得，政策尽管滞后，可自己不能落后，假如能创造出一种精神文化生活，来弥补人们空洞的业余生活，不但能够使自己获取丰厚的收入，并且也为丰富人民的业余生活作出了一种贡献，必定会得到政府的支持。

　　李晓华看到当时的电影和电视尽管有了，可根本不能满足人们多层次的欣赏需要，因此，他买了一台录像机和一个大屏幕投影机，在秦皇岛与人合伙放录像，效果十分好，场场爆满，门口的票贩子把票炒到 10 元一张，依旧有人解囊而入。可知，当时的火爆程度可见一斑。

　　因为生意做得非常顺手，他的过人才智也在不经意间充分展开、延伸……

　　在随后几年中，几笔漂亮的交易使李晓华成为北京个体户中的突出者，这时他已经是北京城地地道道的大款了，让人们羡慕不已。

　　当多数中国人的商品观念还未觉醒，过着温饱生活的时候，他座下的最新款奔驰已在同行中占尽了风头。在人们的心中，这样继续走下去，日子足够过得舒舒服服。

　　可是，李晓华没有一点功成名就的感觉。野心十足的他并没有停下前进的脚步。他觉得，更伟大的事业需在更广阔的世界中展开。

　　随后，李晓华在香港创建了华达投资公司，依靠他对市场敏锐的观察力，在房地产市场上大展身手，做得游刃有余，获得了亚洲地产界的赞扬。

　　仔细观察李晓华成功的每一步，人们不难看出他之所以能在变幻莫测的商场中一直保持着清醒的头脑，及时地进行每一笔买卖，原因就在于他对市场全面的分析构成的洞察力，对市场的敏感性，他的思维可以随着环境的变化而变化。

随机应变，积极而为，务必以实力为先导。 变化的结果是为了逐渐完善，而不是更加恶化。 所以，在做决定之前，一定要先对市场做出正确的剖析和预测，当然这也要取决于个人对市场现象的判断力和观察力。

常言道："没有永不干涸的河流。"一门生意不会永远都那样红火的。 因此，要及时改变方向，让思维跟着变化走，多方面去发展生意。

第四章
管好团队的高情商艺术

引入"鲶鱼"，让团队"慌"起来

渔夫为了保证沙丁鱼的存活率，会在运输沙丁鱼的过程中放入一两条鲶鱼。鲶鱼的加入刺激了沙丁鱼，让沙丁鱼随时保持着活力，存活率大为提高。这是著名的"鲶鱼效应"。在企业的团队建设中，管理者们要像渔夫那样，懂得引入"鲶鱼"。

"鲶鱼效应"的实质是激励精神，通过激励产生上进的因素。"鲶鱼效应"的作用在于调动大家的积极性，有效激活员工工作的热情和激情，让员工在刺激作用的驱动下，展现活力，更好地为企业的发展服务。

我们知道，当一个人没有危机感时就会懈怠。一个公司也一样，如果人员长期固定不变，就会缺乏新鲜感，也容易养成惰性，缺乏竞争力，没有紧迫感和危机感。只有有了压力，存在竞争气氛，员工才会有紧迫感、危机感，才能激发进取心，企业才能有活力。日本的本田公司在这一方面做得极其出色，很多企业争相效仿。

起初，本田公司并没有认识到"鲶鱼效应"的作用。有一次，本田先生对欧美企业进行考察，发现许多企业的人员基本上由3种类型组成：第一类是不可缺少的精英人才，大约占人员总数的20%；第二类是以公司为家的勤劳人才，大约占人员总数的60%；第三类是终日吊儿郎当、不爱工作、效率低下的人，大约占人员总数的20%。与欧美公司相比，本田先生认为在本田公司的人员中，缺乏进取心和敬业精神的第三种人更多。

这部分人创造的价值和公司对他们的付出不符，是拖后腿的人。那么如何使前两种人增多，而使第三种人减少呢？这个问题困扰了本田先生很久。他曾想到把这些人完全淘汰，但是，仔细思考后，他认为即使把目前这一批人淘汰，新招的人中还会继续有这样的一类人。全部淘汰，显然不是科学的办法。

本田先生决定进行人事方面的改革，为公司引进一条"鲶鱼"。他首先从销售部入手，因为销售部经理的观念离公司的精神相距太远，而且他的守旧思想已经严重影响了他的下属。如果不尽快打破销售部只会维持现状的沉闷气氛，公司的发展将会受到严重影响。经过周密的计划和努力，本田先生终于把松和公司销售部副经理、年仅35岁的武太郎挖了过来。

武太郎的到来，使本田公司销售部上下十分吃惊。接任本田公司销售部经理后，武太郎凭着自己丰富的市场营销经验和过人的学识，以及惊人的毅力和工作热情，受到了销售部全体员工的好评，员工的工作热情被极大地调动起来，活力大为增强。公司的销售出现了转机，月销售额直线上升，公司在欧美市场的知名度不断提高。

应该说，武太郎是一条很好的"鲶鱼"。本田先生对武太郎上任以来的工作非常满意，这不仅在于他的工作表现，而且销售部作为企业的龙头部门，带动了其他部门人员的工作热情和活力。从此，本田公司每年重点从外部"中途聘用"一些精干的、思维敏捷的、30岁左右的生力军，有时甚至聘请常务董事一级的"大鲶鱼"。 本田公司随着不同"鲶鱼"的到来，公司内部再无沉闷之气，业绩蒸蒸日上。

　　本田公司的事例说明，当一个组织的工作达到较稳定的状态时，常常意味着员工工作积极性的降低，"一团和气"的集体不一定是一个高效率的集体，这时候"鲶鱼效应"将起到很好的"医疗"作用。 一个组织中，如果始终有几位"鲶鱼式"的人物，无疑会激活员工队伍，提高工作业绩。

以人本管理激发斗志

　　人是管理的核心，以人为本的工作激励，必须首先认清员工个体的客观差异。 每个员工都有其独特的个性，他们的态度、能力、行为及其他重要的个体变量都各不相同。 即使同一个人在不同时期，某些个体变量也是不同的，确切地了解员工们的这些差异是十分重要的。

　　以人为本，首先就要给员工创造一个良好的工作环境。

　　早在 20 世纪初期，福兰克和利宁·格尔布莱斯就提出以人为中心的工作设计。 后来，这种技艺通过机械设备利用学和生命机器学的原理被系统化。 在如今的办公环境中，随着自动化程度的提高和计算机的使用，人类工程学——一种研究员工工作环境的科学成为保证员工健康和理想工作效率的主要方法。

　　以人为中心的工作环境，要综合考虑多种因素，如工作场所的光线、辅助设备、产品生产顺序等，其核心是强调员工的真正参与，无论是个体还是群体，要使工作更有效并更有吸引力。 对基层主管来说，以人为中心设计的好处是它将每个人的注意力都集中在工作本身。 基层主管不必在寻求员工合作时兼任心理专家或特殊管理。 检查、批评和重做的是工作，而不是人，这些改变的责任不再仅仅是管理人员个人的事，所有那些能够或希望能够参与其中的员工都有这种责任。

　　有的公司还设法让员工最大限度地参与工作设计。 它们给员工的工作提供选择机会。

　　在美国堪萨斯州一家食品制造厂，由 7 至 14 人组成的班子可以决定怎样去分配工作，员工对工作的选择得到充分考虑与权衡，员工得到充分的自我发展的机会。　要求员工动脑筋并发挥技能的工作会使他们感到对公司和对自己都有价值，它能使员工和公司同时得到满足。

其次，要平等待人，千万不能有偏见。

某公司有一个推销员，十分能干，由于做成的生意总比别人要多，经理为此对他大为赞赏，另眼相待。　当然，什么好事都不忘有他一份，偶尔他有点错，也只当没看见。　经理的本意是鼓励大家学他的样，努力工作，想不到事与愿违，其他推销员都越来越消极。　而那个能干的推销员也被宠坏了，不把迟到早退当回事，还时常炫耀经理与他的特殊关系。　对于干得出色的下属当然是应该表扬的，但是，该表扬的时候表扬，该评功的评功，平时还是应该与其他员工一视同仁。　如果你把一切特权都授予了他，甚至对他做错的事也睁一只眼闭一只眼，那么，你让别人怎么向他学习？

只有公平竞争的环境才能激发下属的工作热情。　一定要给下属一种公平合理的印象。　以人为本，就要放弃偏见，克服一些人性的弱点。　人一旦当了管理者，自尊心就会随之增强，敏感度也会提高，常常会莫名其妙地感到自己被忽视了。　看见别人一说悄悄话，或在暗中商讨事情、组织活动，就会觉得不是滋味。　感到自己被"架空"了，或者别人是在和自己作对，因而对下属产生偏见，以至于影响了工作。　另外一种情况就是任人唯亲，在工作中采用二元标准，或放弃原则，或施恩图报，组织小团体，时间一长，难免就掉入了以私害公的大坑。

激发下属的自尊心

一个谨慎的领导者，善于维护和激发下属的自尊心，绝不轻易否定他们的每一个优点，就像绝不轻易否定下属本身一样。当某个下属引起人们的争议时，作为领导者，首先要做的就是细心观察，搜集证据，然后做出自己的独立判断。只要经过认真鉴别，认定下属的出发点是好的，其成绩是可取的，就应该毫不犹豫地大胆使用，任其充分发挥自己的特长，这样也可以激发下属的自尊心，使其更努力地工作。

事实上，领导者对下属的关心、爱护、帮助，绝不是什么恩赐。对于那些立志高远的下属来说，当他认定自己具有很大的发展潜力时，即使外在的因素阻止他发挥，他也会克服重重困难，顽强地发挥自己的特长。在这种情况下，不让他发挥自己的特点和长处也是不可能的。

对一个称职的领导来说，与其违背下属的意愿，任其曲线发展，逆境成才，不如投其所好，遂其心愿，让他直线发展，顺境成才。只要领导在这一点上表现出起码的豁达和厚爱，下属必定会努力工作，释放出惊人的能量。

对有个性的下属，要真诚地对待，直截了当地说出自己的想法，信任他，委以一定的权限，让他放手去做。当有一件事情需要他独当一面时，要放手把这件事全权委托给他。用人之长才能更好地把事情做好。

这样做，领导者可以大大减轻自己的负担，不用事无巨细，亲自过问，使自己可以有更多的时间、更充沛的精力考虑那些事关全局的大事。 这样还可以使下属获得自尊心的满足，有更大的空间去发挥自己的主观能动性，因而能好好地工作。

当这样的管理模式取得成功后，以后的合作就会非常融洽，慢慢地形成一个良性的循环，形成一个牢不可破、更有战斗力的团队，这是任何一个上司都希望看到的结果。

为了让被领导者有积极性、自豪感和责任心，不但要放手让他做他能做的工作，而且要时时对他的工作表示肯定，给予合适的表扬，这是一种更大的激励。 当员工有过错时，尽量不要当面指责批评，而是悄悄地替他更正，让他下次多注意。

领导者也不要太在意被下属超越。 有个别的下属虽然工作卖力，却未必是要超过谁，即使真正超过了，那也不是坏事，这对于上下级来说都是好事。 因为下属能干，也是上司的光彩，谁希望自己的下属只是一群唯唯诺诺的平庸之辈呢？

这里的一个关键是，对于下属，适当委以重任，给予充分的信任，可以激发他们的自尊心。 以自尊心为考虑因素，实施到具体的管理中，也是领导者不可缺少的管理手段。

团队精神不等于绝对服从

　　团队协作在现代企业中越来越重要，但是不要把团队精神等同于绝对服从，更不要把治军思想机械照搬到企业管理中来。之所以要有企业文化，就是要用软的规则代替硬的纪律，以期达到更好的激励效果。

　　我们的很多管理者都非常羡慕日本人那种绝对服从的团队精神，羡慕他们一个口令一个动作，没有太多个人的意见和纷争，绝对服从组织安排，领导者只管发号施令，不费力去协调各种不同的声音。绝对忠诚的员工哪个领导会不喜欢呢？但是这种模式必然有其致命的弱点。太过于强烈的服从意识，淹没了太多的个人意见，如果决策一旦出现失误，则后果不堪设想，也难以收拾。

　　相对于日本人的极端忠诚，我们中国的管理者肯定不喜欢美国人的管理模式。如果和美国人谈忠诚，他们一定会觉得很可笑。美国有些人对公司不够忠诚，他们跟公司请假去其他公司面试的时候，还会直接告诉公司："如果面试合格我就跳槽，如果不合格我再回来。"相信没有一个中国人敢很坦白地跟老板讲这种话，估计不是老板被气炸，就是这名员工立即被开除。如果你问一个美国人，会不会对老板忠诚？他一定会告诉你，那是不可能的事情。美国人只会对所做的工作忠诚，对他们的专业忠诚。别说是普通员工的忠诚度比较低，就连总裁都有可能会突然离开。如果这种事情发生在中国的企业里，肯定会人心大乱。但在美国不会，因为当人员流动比较频繁的时候，他们就不可能把重心放在人上，而是高度的科学化，用事来形成组织。

日本的团队是高度一致的，但美国的团队永远有两种不同的声音。 好的一点是，当他们无法形成一致的时候，会依据少数服从多数的原则决定。 在表决完毕之后，大家虽然不会放弃原有的主张，但是会严格遵照决议来执行。 无论是日本人的忠诚，还是美国人的个人主义，都是两个极端，哪个极端都不适合中国人的性格。 随着全球化的发展，国人的观念和行为也从最初的浮躁慢慢开始进入了一个兼收并蓄的理性回归阶段。 任何一种极端的管理方式都会得到一个与之相对的排斥后果。

其实这两种极端的管理方式分别代表绝对纪律的斯巴达克精神和自由民主的雅典精神。 主张斯巴达克精神的一般是军人出身的蓝血企业家，崇尚下属以服从命令为第一要义。 在企业初创时期，由于人数少，管理内容简单，可能会有非常好的管理效果。 但是员工行为的高度统一，掩盖了思想意识上的差别。 当中层管理者崛起的时候，这种分歧就会随着权力的逐渐下放，导致管理思想上的混乱。 同时，太讲求纪律的话会直接导致人性被长久地压制，一旦这种人的内在需求与花花世界相接触，这种纪律就会涣散。 而过于自由和民主则可能导致涣散与盲目决策，雅典在平民政治导演下的错误军事决策不在少数。

综合这两种管理模式的优缺点，老板们不必羡慕日本人绝对服从的蓝血精神，员工们也不必称赞雅典的自由民主。 一切的管理皆以促进企业良性发展为终极目标。 企业最优的选择就是在二者之间寻求一个稳妥的平衡点，将斯巴达克精神和雅典精神相融合，有序而不呆板，忠诚而非愚忠，在坚持原则性纪律的基础上，针对员工个体的需求，包容个体的差异性，并在此基础上灵活应对、多元管理。

扩大员工的职责范围

联邦快递成功的一个重要原因是重视员工，依靠优秀的管理原则取胜。 他们扩大员工的职责范围，恰当地表彰员工的卓越业绩，激励员工去树立公司形象。

每天总有许多世界各地商业人士花上 250 美元，用几个小时去参观联邦快递公司的营业中心和超级中心，目的是为了亲身体会一下这个巨人如何在短短 23 年间从零开始，发展为拥有 100 亿美元、占据大量市场份额的行业领袖。

联邦快递公司创始人、主席兼行政总监弗雷德·史密斯创建的扁平式管理结构，不仅得以向员工授权赋能，而且扩大了员工的职责范围。

与很多公司不同的是，联邦快递的员工敢于向管理层提出疑问。 他们通过求助于公司的保证公平待遇程序，以处理跟经理之间不能解决的问题。 公司还耗资数百万美元建立了一个联邦快递电视网络，使世界各地的管理层和员工可即时联系，这充分体现了公司快速、坦诚、全面、交互式的交流方式。

20 世纪 90 年代初，联邦快递准备建立一个服务亚洲的超级中心站，负责亚太地区的副总裁 J. 麦卡提在苏比克湾找到了一个很好的地址。 但日本怕联邦快递在亚洲的存在会影响到它自己的运输业，不让联邦快递通过苏比克湾服务日本市场。

在联邦快递公司，这不是麦卡提自己的问题，必须跨越部门界限协同解决。 联邦快递在美国的主要法律顾问肯·马斯特逊和政府事务副总裁多约尔·克罗德联手，获得政府支持。 与此同时，在麦卡提的带领下，联邦快递在日本发起了一场轰动日本的公关活动。这次活动十分成功，使日本人接受了联邦快递连接苏比克湾与日本的计划。

联邦快递经常让员工和客户对工作做评估，以便恰当表彰员工的卓越业绩。其中几种比较主要的奖励是：

祖鲁奖：奖励超出公司标准的卓越表现。

开拓奖：给每日与客户接触、给公司带来新客户的员工以额外奖金。

最佳业绩奖：给对员工的贡献超出公司目标的团队以一笔现金。

金鹰奖：奖给客户和公司管理层提名表彰的员工。

明星/超级明星奖：这是公司的最佳工作表现奖，奖金相当于受奖人薪水的2%～3%。

企业必须明白：人是组织中最有价值的财产，相信他们是最有能力取得卓越成绩的。如果像旧模式所教导的那样，善待人并善用人是不够的，因为他们不想像牺牲品或小孩子一样被利用，他们想对自己的资源拥有管理权，想感到自己是在对有意义的事业作出个人的贡献。因此，你必须帮助人们发现其行为具有意义和成就，这是一个成功管理者和企业的必备。

直接告诉员工企业对他的期望

领导的期望就是一条沟渠，被领导期望的员工像是流在沟渠里的水，总是能快速地成长到被期望的高度。 要想促进员工成长，让员工知道企业对他们的期望很重要。

企业对员工的期望，表达的主要方式是分配其重要任务。英国卡德伯里爵士认为："真正的领导者鼓励下属发挥他们的才能，并且不断进步；失败的管理者不给下属以自己决策的权利，奴役别人，不让别人有出头的机会。 这个差别很简单，好的领导者让人成长，坏的领导者阻碍他们的成长；好的领导者服务他们的下属，坏的领导者则奴役他们的下属。"

让员工承担重要工作，是促进员工成长最有效的方式。 松下幸之助就很重视企业人才的培养，他常对工作成就感比较强的年轻人说："我对这事没有自信，但我相信你一定能胜任，所以就交给你办吧。"根据员工的才能、潜力委派任务，再适时加以指导和引导。 对工作成就感比较强的员工，要善于压担子，给其提供锻炼与发展的机会，以挖掘其潜力，创造更大的成绩。 领导者越是信任，越是压担子，员工的工作热情就越高，工作进展就越顺利。

作为世界上最大的石油和石油化工集团公司之一，BP 就常用任务来促进员工成长。 BP 建于 1909 年，总部位于英国伦敦，是由原英国石油、阿莫利、阿利、嘉实多 4 家集团组合而成。 业务包括石油及天然气的勘探和生产，天然气和电力、石油销售以及石油化工和清洁能源太阳能。 它也是世界上主要的交通燃料制造商和销售商，在燃料质量、装运、销售和零售方面享有盛誉。 BP全球雇员约11.5万人，在全球拥有29200个加油站，其中在美国有1500个。

BP首席执行官布朗要求BP公司里的每个员工都要清楚两点：第一，自己的任务是什么，自己应该做什么，而不是由别人告诉你做什么。 如果是公司的管理人员，他还要对团队成员的才能、素质以及自己掌握的资源所能做成的事情十分清楚。第二，任何人都要能做出详尽的工作计划，在研究公司战略上必须清楚并能正确评估其资金实力和可能有的多种选择。 通过这两点，保证了整个团队的每个人都知道自己该做什么。 因为每个人都理解什么事情能做和应该做，就能行动快，员工就能随着工作的完成而得到快速成长。

BP很重视对年轻人、开发管理人才的培养。 他们的目标是使每一个进入BP的人都能做得更好。 他们对有才能的年轻人进行培训，让他们到不同岗位、不同国家工作，丰富他们的经验，提高他们的领导技能，有能力的就提拔。 对公司一级的接班人，还要让他们了解公司整体状况，了解决策是怎样做出的。 决策前必须听到最好的建议，而不是先决策，再咨询。

对于有潜质成为重要高级管理人员的人，布朗培训最独特的方法之一是让他做一年至一年半布朗的个人助理，在公司内被戏称为"海龟"——这个词来自日本动画片《忍者神龟》。作为布朗的助理，小到递雪茄盒，替他做日程，大到旁听董事会辩论、决策，都要全程参与。 布朗说，这是让年轻人通过观摩来学习怎样做出正确决策，怎样向人解释决策，怎样沟通，碰到问题时知道哪些该做，哪些不该做，明白如何区分轻重缓急等，核心问题是学会怎样成功。 BP是个大公司，许多事情要靠各级管理者个人决断，所以布朗认为，最好一次选对人，否则后患无穷。　被重点培养的人，能够充分感受到公司的期望，所以，从布朗办公室走出的高级管理人员的工作都很出色。　"我们有最好的队伍"是 BP 骄傲地写在年度报告上的 3 句话之一。　布朗说，正是这样的机制使 BP 非常有效率。

相反，把员工看作螺丝钉，员工丝毫感觉不到公司的期望，公司管理者出于担心员工能力不足把事情做坏而事必躬亲，不仅累坏了自己，也不利于员工的进步和企业后备人才的培养。　员工获得成长，管理者才能轻松起来。　管理者不能替代下属的学习过程，他们能做的是对下属言传身教，对下属的工作予以指导和鼓励。　告诉员工你对他的期望，他就能达到你的期望。

最有效的激励法则：及时适度

管理者对员工激励的关键在于"度"的把握。 激励失去分寸和节制，会走向极端，最终导致激励无效。 激励要讲究分寸，做到适度，最合适的才是最好的。 管理者激励员工要适当适时，不可机械地单一奖励或者一味地处罚。 我们可以从一代枭雄曹操身上得到启迪。

曹操以赏罚分明著称，奖励和处罚都很到位，对于有功之臣，加以重赏。 他深知重赏能极大地调动下属的积极性，最大限度地为自己效力。 对做了错事的人会给予重罚，就连曹操自己做错了也会主动检讨和受罚。

曹操将激励与约束相融合，"赏罚必行"是他调动部下积极性的法宝。 为了有法可依，奖罚分明，他于建安七年至十二年先后颁布了《军谯令》《败军令》《论吏士行能令》《封功臣令》等，并将20多名有功将吏封为列侯，同时对有过者给予惩处。

曹操对于忠心事己的贤才臣僚，无不重恩厚惠，他对不同的人、不同的情况采取不同的奖励措施来激励将士，这是曹操运用激励适当的重要体现之一。

许多人对那些通宵达旦玩游戏者不能理解，但当自己去玩时一样废寝忘食，原因何在？ 因为游戏程序是按照由简到繁、由易到难的原则编制的，操作者稍有努力就进，不努力就退的若得若失的情况，对操作者最有吸引力。 游戏设计的难易程度很好地把握住了玩游戏者的心理。

其实激励与玩游戏是一样的道理，激励标准适度就能使激励对象乐此不疲，反之，如果激励对象的行为太容易达到被奖励和被处罚的界限，那么，这套激励方法就会使激励对象失去兴趣，达不到激励的目的。

管理者在激励员工时除了要适当，还要适时，即要把握激励的时机，"雪中送炭"和"雨后送伞"的效果是不一样的。激励越及时，就越有利于将人们的激情推向高潮，使其创造力连续有效地发挥出来。

古人提倡"赏不逾时""罚不迁列"。意思是奖赏不能错过最佳时机，惩罚不能等到员工几乎忘记了做错的事情才去执行。一个优秀的经理人在看到员工是做了好事带来利益还是坏事产生恶果时，会迅速、及时地进行奖惩。也只有"赏一劝百，罚一警众"，产生震撼和轰动效应，才能赏立信、罚立威。

福克斯波罗是美国的一家公司，专门生产高技术产品，如一些精密仪器设备等。在一次技术改造上公司碰到了一个难题，公司内很多人都束手无策，公司总裁也很苦恼。一天晚上，当总裁为此冥思苦想时，一位科学家闯进办公室告诉总裁他有了解决办法，接着详细地说给总裁听。结果总裁觉得很有道理，便想立即给予这位科学家奖励。

可是他在抽屉中翻找了好久，只找到一只香蕉，于是他只有把这只香蕉给了这位科学家。他说，这是他当时所能找到的唯一奖品了，科学家为此十分感动。因为这表示他所取得的成果得到了领导的认可。从此以后，该公司对攻克重大技术难题的技术人员，总是授予一枚金制香蕉形别针。

总裁在没有别的东西做奖品的情况下，用一只香蕉作为奖品，这也是对员工的一种认可和激励。行为和肯定性激励的适时性表现为它的及时性。当事人的行为在适当的时候受到肯定后，有利于他继续重复所希望出现的行为。 也让其他人看到领导是可信赖的，从而激起大家工作的热情，争相努力，以获得肯定性的奖赏。

激励的作用往往是瞬间的，表扬要及时。 一旦发现你的员工表现出色，要立即予以表扬，不要等到年末总结时再做，要让员工能在被激励中更加鼓起干劲。 优秀经理通常都有一双善于发现的眼睛，他们往往可以在一周内就发现员工至少一项工作出色之处，并予以表扬。 在这样经年累月的表扬下，员工的表现愈发出色，整个团队愈发体现出高效。

有位国外名将认为在战斗中表现突出的部队，应给予迅速表彰，奖励可以立即进行，向媒体宣布，随后再办理文书工作。 不能因为各种报表的填写而造成时间上的延误，致使激励的效果减到最低，那种认为"有了成绩跑不了，年终算账晚不了"的想法和做法，只能使奖励本有的激励作用随着时机的延误而丧失，造成奖励走过场的结局。

海尔集团总裁张瑞敏曾经讲过一个开年终总结会的例子，他说："比如今天下午开会，那么中午的时候就一定要把奖金给大家发了，下午的会才会开得有效果。 如果某个员工工作很出色，应该给其加薪或者予以奖励，结果拖了半年才真正兑现，虽然花了钱，也起不到应有的激励作用。"

总之，激励要及时适度。 人们的一切行为都是为了追求某种有利或避免某种不利，由此在生理和心理上必然产生与之相适应的喜好和厌恶情绪。 激励就是为了诱导人们向好的方面发展，从而促进个人及企业的发展，乃至推动整个社会的前进。尽管不同的人们对激励的方式要求各有不同，但有一点是相同的，就是及时和适度地进行激励。

给员工高薪时，企业成本最低

"当你给员工高薪时，你的企业成本是最低的！ 哪怕你只比第一、第二位的高出一点点，效果也会非常明显！"

2008 年 1 月 15 日，在《赢在中国》第三赛季 36 进 12 第三场节目现场，已连续两个赛季担任《赢在中国》36 进 12 评委的史玉柱在点评 11 号选手时说出了上述的话。

史玉柱的一席话立即博得了现场一片热烈的掌声。 事实上，他是这样说的，也是这样做的。

2007 年 11 月，巨人网络挂牌上市，交易代码为"GA"，开盘价高达 18.25 美元，超过发行价 17.7%。在庆功宴上，史玉柱给公司员工定下两个目标：一是大力推广《巨人》游戏；二是继续保持《征途》游戏接近 100 万人的在线人数。史玉柱说如果实现了这两个目标，就给公司的员工每人派发一枚金币，另外给公司所有员工加工资，一个都不放过。

在宴会现场，所有员工都得到了史玉柱派发的金币巧克力，快乐洋溢在一张张年轻的笑脸上。

同年 11 月 5 日，新民网从可靠渠道得到消息验证：史玉柱于该日兑现诺言，给所有员工派发金币，该金币由中国知名金饰品厂商龙凤祥定制，重量为 9.39 克，印有"纽约证券交易所成功上市巨人网络 2007.11.1"的字样。

史玉柱是一个能不断制造奇迹的人，他的很多"惊世骇俗"言论常常引起人们的争议。

史玉柱做过细致的分析："当你给员工高薪时，表面上看仿佛增加了企业成本，实际不然。我这些年试过了各种方法，但最后发现，高薪是最能激发员工工作热情的，也是企业成本最低的一种方式。"

自从珠海巨人集团成立，史玉柱一直实行军事化管理，后来他渐渐明白了一个道理：大多数员工的使命是打工挣钱，养家糊口。虽然军人有对国家和民族效忠的义务，但员工没有对老板效忠的义务。

史玉柱说："能者多得，只要能为巨人作出贡献，不拒绝索取，要在巨人内部培养一批富翁。"

后来做网游时，史玉柱用的是同样的激励方式，他说："游戏团队的薪水我不管，由管理层定，工资是一事一议，开多少钱评估一下，值得就给，不受任何等级限制。中小公司不会这么舍得付高额报酬，但丁磊我想他也会舍得。陈天桥就没有这么大方，当然也相当不错。不过陈天桥给钱的方式有问题，比如说给期权，人家有意见。做了冤大头，给了好处下面还不好好待他。"

史玉柱这样的做法，会让研发人员感觉到巨人网络给他们的报酬绝对在整个行业居于前列。在《征途》开发过程中，史玉柱出手颇为大方，给整个研发团队开出了很高的工资。他还指出了网游行业的弊端，他认为：这个行业的员工比其他行业更计较钱。

《征途》游戏某负责人承认，这个 20 人的研发团队在当时的薪水、所占期权与同行业相比是非常高的，相比《征途》后来的其他研发人员而言，都要高出许多。

薪酬激励并非盲目地给员工高薪，能否有效地运用好这一措施，使员工发挥最大的工作效能才是最关键的。 史玉柱给《征途》的研发人员高薪，可以很容易地保留重点员工和业务骨干，这种做法对于高科技公司非常有效。 在这个行业，通常 80% 的业绩是由 20% 的精英完成的，少数骨干决定了公司的发展，研发人员正是网游公司的灵魂。

当然，只注重少数骨干却对其他员工不理不问，其他员工会觉得不公平，也会引发矛盾。

人要生存，要发展，精神是支撑，物质是保障，所以薪酬相对于员工极为重要。 它不仅是员工的一种谋生手段，还能满足员工的价值感。 事实证明，当一个员工处于一个较低的岗位时，他会表现积极，努力工作，一方面提高自己的岗位绩效，另一方面争取更高的岗位级别。 在这个过程中，他会体会到由晋升和加薪带来的价值和被尊重的喜悦，从而更加努力工作。

奖励要公开、透明，才能被认同

奖励本来是一种很好的激励方法，但如果这种方法运用不当，就会产生适得其反的效果。 比如有的企业在"评优秀""评先进"中采用"以官论级法""以线划档法"等，就会使评奖的公正、公平性被践踏，使荣誉的"含金量"大打折扣，那么榜样的示范作用也会同时大打折扣，这就会使奖励的激励作用尽失。

李总经营企业十几年，员工从十几个人发展到几百人，公司的产品销量和利润也在不断攀升。 然而有一件事却在一直困扰着他，那就是每年年底发出的红包。 因为红包的事情，现在弄得李总都害怕年终面对他的那些骨干了。 李总是个很宽厚的老板，对这些骨干也是绝对宽厚，所以身边的人跟他都十几年了。 随着公司业绩的增长，大家的年终红包也就一年比一年丰厚。 但李总觉得大家好像都越来越不容易满足了，虽然红包发得一年比一年多，可是私下里的抱怨也层出不穷。 有人会经常向他表功，暗示他们贡献多大，应该再多给一点儿。 当这些人的要求未能满足时，他们就会以怠工来表达情绪。 这让李总很头痛。

这就是因为激励不透明而造成的困惑。 无独有偶，有一家生产电器配件的私营企业，由于公司在奖励机制上的不透明，使得员工相互猜疑，老工人、管理人员、技术人员都在不停地流失，而且在岗员工也大都缺乏工作热情。 尽管该公司努力调整了员工的工作条件和报酬，但效果仍然不尽如人意。

这家公司把员工分为三个档次："在编职工""工人"和

"特聘员工"。"在编职工"是和公司签过劳务合同的员工，主要是公司的技术骨干和管理人员；"工人"是通过正规渠道雇用的生产工人；"特聘员工"专职兼职都有，是外聘来的高级技术性人才。每当公司卖出一大批配件或签下一大笔订单，将要发放奖金时，"工人"和"在编职工"的奖金是通过薪资表格公开发放的，而"特聘员工"的奖金则是以红包的形式发放的。由于"特聘员工"都是些高级人才，所以他们的奖金通常是"在编职工"的数倍。

但是，让管理者没有想到的是，这种奖励措施却极大地挫伤了员工的积极性。由于领导者没能公开宣布"特聘员工"的特殊贡献，所以一些"工人"和"在编职工"在得知"特聘员工"的奖金是他们的几倍后，都认为公司不能公正地对待他们，引起了他们强烈的猜疑和不满。与此同时，"特聘员工"也非常不满，他们当中有一部分人认为发放给自己的奖金太少，所以认为公司不承认他们的价值，把他们当外人看。甚至有的人还误以为"工人"和"在编职工"肯定也收到了这种红包，而他们是公司的"自己人"，数额肯定比自己多得多。因此，他们认为自己的努力并没有得到公司公正的认可。结果，这家公司付出重金奖励，不仅没有换来员工的凝聚力和积极性，反而涣散了人心。

由此可见，在企业里，奖赏机制一定要公开、公正、透明，因为当员工发现自己付出的代价和所得的报酬之比与其他人是相等的时候，就会感到自己所受的待遇是公平合理的；反之，如果领导者有一些偏心，就会产生不公平感。在缺乏公平感的情绪支配下，员工就会产生不满，采取减少付出、要求加薪甚至放弃工作等消极行为，最终会使前期的激励措施功效消失殆尽。

激励方式是需要变化的

美国哈佛大学教授威廉·詹姆斯通过研究发现，在缺乏激励的环境里，员工的潜力只能发挥出20%，而在良好的激励环境中，同样的员工可以发挥出其潜力的80%甚至100%。可是很多企业的激励机制都起不到成效，这是因为激励是需要变化的，不同的发展阶段激励方式也有所不同，所以不能墨守成规。

联想集团前董事长柳传志在谈到员工激励时说："经理班子成员、中层管理人员以及流水线上的雇员，我们对每个群体有不同的期望，他们也各自需要不同的激励方式。经理班子需要主人翁意识，我们给他们分配股份；中层管理人员希望升职，我们给他们确立了很高的标准，并允许他们自己决策、执行，如果表现出色，就会得到相应回报；流水线上的工人需要稳定感，如果他们工作认真勤勉，就可以得到提前制定的奖金。"

柯达公司是一家在纽约证券交易所挂牌的上市公司，也是世界上最大的影像产品及相关服务的生产和供应商，总部位于美国纽约州罗彻斯特市，它的业务遍布150多个国家和地区，全球约有员工8万人。柯达的成功很大一部分来源于它对员工的激励之道。

论绩嘉奖是柯达日常工作中不可分割的一部分。柯达公司的核心价值观的第六条"论绩嘉奖"明确指出：要在各种公开场合、利用各种机会为员工所取得的成绩欢呼，向所有为柯达的成功做出贡献的员工、团队等表示祝贺。 柯达公司亚太区主席安瑞认为，一个企业要想成功，首先员工要富有激情，当员工对他所从事的事业满怀激情时，就会产生无穷的创造力，而作为管理者，就要为员工创造这样的氛围。

俗话说"水不激不跃，人不激不奋"。 为了激励员工获取更大的成功，柯达采取多种手段激励自己的员工。 首先，柯达给员工提供最直观、丰厚的薪资奖励，各种福利、奖励一应俱全，并根据员工的业绩表现，灵活地进行调整。 其次，柯达公司会给员工写感谢信，召开嘉奖会。 每当员工取得工作上的成就，做出业绩时，柯达会及时给员工发一封感谢信。 柯达也会及时通过嘉奖会的形式对员工出色的表现予以肯定，激励员工继续取得更大的进步。 再次，当柯达高层领导人来访公司时，公司会安排业绩突出的员工和公司领导人共进午餐，这不但为员工接触高层领导提供了好机会，更是对出色的员工的肯定与激励，使他们在众人羡慕的眼光里更懂得努力工作，积极进取。 最后，对于在柯达重大的工程、项目、事件等方面做出突出贡献的员工，柯达会给予经济上和精神上的特殊嘉奖，让员工备感自己在公司的重要性。 在这些奖赏措施的激励下，每名柯达员工都干劲十足，柯达公司也在欣欣向荣地稳步发展。

多种激励方式整合运用

激励是一门高超的管理艺术。 作为管理者，要全方位权衡，创造各种条件，运用多种方法，不断地激励员工，调动其工作积极性。

1. 集体荣誉激励法

荣誉可分为两大类：个人荣誉和集体荣誉。 荣誉是精神奖励的基本形式，它属于人的社会需要的方面，是人做贡献于社会并得到承认的标志。 由于荣誉和人的理想志向比较接近，因此，无论个人荣誉还是集体荣誉，都能激发人们的积极性。 从激励的效果来看，集体荣誉所激发的力量是一种合力，这种合力要大于个人荣誉所激发的单独力量的总和，这就要求各级管理者在重视个人荣誉激励的同时，还要重视集体荣誉的培养与形成。

运用集体荣誉法进行激励，可以帮助下属养成集体主义的良好品德，提高下属的思想觉悟。 应注意将集体荣誉和每个集体成员的荣誉、利益结合起来，并且要注意营造一种友爱互助的融洽气氛，使每个集体成员都能感受到集体荣誉的温暖，人人心情舒畅、精神振奋。 只有协同作战，才能发挥最大的作用，当集体内部内耗停止之时，也就是组织内合力最强的时候。

2. 反向激励法

运用反向激励时，管理者通过向下属的心理施加反向的负刺激，以此来激发他们的自尊心和荣誉感。 针对下属争强好胜的心理状态，管理者有意识地直接或间接地向下属表达诸如怀疑、否定之类的信息，来适度地触动他们的自尊心，使他们从内心产生一种保持自尊的强烈意念，驱动他们用自己富有积极性和创造性的行动来否定外来的负面信息。 就像一根处于松弛状态的弹簧，给它加上一定的压力就可以使它弹起来。 人的心理也一样具有弹性，但它的弹性和某些物体的弹性还有所不同，既可以通过正向激励，也可以通过反向激励来调动人们的积极性和进取心。

3. 比赛激励法

争强好胜，不甘落后，是人们共有的一种心理状态。 通过评比竞赛，能够激发和深化下属的竞争意识，充分调动工作的积极性和创造性。

比赛激励法，已是被公认的一种好方法。 但评比和竞赛不能过于频繁，要突出重点，注意实效，防止搞花架子。 在评比竞赛之前，要拟订好具体的标准和实施细则，提出明确的要求，做好宣传鼓动工作；评比竞赛过程中，以事实为依据，坚持标准，客观衡量，秉公办事，并注意引导群众克服单纯锦标主义倾向；评比竞赛之后，认真及时地做好各种人员的思想工作，鼓励先进更先进，帮助后进赶先进。 只有这样，才能真正调动全员积极性，实现工作效益的最大化。

4. 民主评议激励法

所谓民主评议激励法，就是管理者通过组织民主大会自由评论，无记名书面评议或听取民意代表反映意见等方法，让下属充分行使民主权利，从而激发他们的民主意识和参与意识，以主人翁的姿态积极努力地做好各项工作的方法。 经常进行民主评议，不仅能够充分发扬民主精神，还能激发人们的社会责任感和主人翁意识。 这是因为人们对人生、事业和生活的选择意念和自立心理，驱动着他们时时把目光投向丰富多彩的社会，投向波澜壮阔的人生激流，特别是当前与人们休戚相关的改革浪潮更是强烈地吸引着他们，促使他们在历史的进程中寻找自己的位置。

为使这种方法更能发挥其效果，在具体运用时，注意要有一定的时间间隔，不能过于频繁，更不能将民主评议当作发扬民主的唯一方法。 对民主评议结果要进行具体分析，不能不加分析地作为定论。 因为群众的思想觉悟、道德水准、认识能力存在着差异，这就使得评议结果里掺杂着各种不同的个人利害考虑。 因此，我们要引导下属正确进行民主评议，在激发民主意识的同时，管理者还要激发他们实事求是的求实精神。

5. 支持激励法

所谓支持激励法，就是指管理者通过采取尊重下属的自尊心，相信他们的智慧才能，虚心听取他们的批评意见，接受支持他们的创造性建议等措施，来增强和激发下属的安全感、责任感和自豪感的方法。

运用此法，要求管理者必须尊重下属。 人人都有受人尊敬的需要。 尊重下属，不仅表现在充分肯定其才能和待之以礼方面，还在于尊重其意见，采纳其建议，使员工感到他们远远不止是轮子上的一个齿轮，这有助于增强他们的自信心。 同时，要爱护下属，要爱护下属的进取精神和独特见解，爱护他们的积极性和创造性。　出色的管理者，应让员工参与制订目标和标准，创造一种宽松的环境。　当下属和群众遇到工作困难时，管理者要主动支持他们，帮助他们排除工作中的困难和忧愁，增强他们的信心和安全感。　当下属和群众在工作中出现差错的时候，管理者要满腔热忱地帮助他们总结经验教训，并主动地承担自己应该承担的责任，这样就会激励员工发挥出最大的潜能。

6. 榜样激励法

榜样激励法，就是管理者通过树立鲜明、生动、具体、形象的学习榜样，来激发下属的上进心和荣誉感的方法。　通常的做法是，管理者在工作和生活中，根据工作任务和本单位实际情况的需要，树立那些比较全面或在某一方面表现突出、有重要贡献的先进模范人物为榜样，引导和号召下属向他们学习，并努力去仿效和超越他们，从而使下属的工作积极性和创造性得到充分的激励和发挥。　一个单位如果能树立起一个好的榜样，就会在其潜移默化的影响下，使人们受到教育，从而激励斗志、鼓舞大家努力前进。　张思德、雷锋、王进喜、蒋筑英、张海迪等大批产生于不同时代、不同战线上的英雄模范人物，就曾经对激励千百万人民群众为党和国家的事业努力奋斗发挥了重大作用。

运用榜样激励法要实事求是，注意榜样的选择，要具有普及性和针对性，同时要引导下属一分为二地看问题，要学其长，避其短，不能机械模仿，更不可搞形式主义。

7. 数据激励法

使用数据激励法，就是指在详细登记、统计下属的各种工作情况数据的基础上，通过大会讲评、公开张榜和填写评比表等形式予以公布，使下属对自己和全局的情况一目了然，从而明确以后的努力方向。

我们都知道，现实生活中的数字几乎可以反映人类的一切劳动成果。将相关数字积累记载起来，便可以成为衡量、评价单位和个人成绩与贡献大小的依据。数据的客观性、可比性和直观性的特点，能够直接激发人们的上进心，具有很强的说服力。

运用此法，应注意数据的采集过程，要特别注意保证数据的准确性和有用性。如果管理者所采用的数据不够具体、全面、翔实，或者是弄虚作假，糊弄群众，数据就部分或全部地失去激励作用，甚至产生消极作用，使内部出现分裂，下属的积极性、创造性也将受到抑制和打击。

8.对话激励法

所谓对话激励法，就是指通过管理者与群众、下属之间坦诚、平等的对话，使彼此之间的思想认识趋于一致。员工倘能与管理者坦诚相见，平等对话，显然能互相沟通思想，减少工作中的矛盾与问题，从而激发员工的工作积极性。

运用对话激励法，能够诱发社会心理的双向效应，它能够促使管理者自觉接受群众的监督，改进管理作风，提高管理工作的透明度；同时，群众通过听取管理者回答疑难问题，从而进一步增强对管理者的信任感。因此，通过对话，不仅能够密切管理者和群众的关系，而且还能够激发来自两个方面的积极性。

精神奖励不可缺

人们常在报纸杂志上看见一些高级经理人、职业运动员，对于他们获得的高得惊人的收入和优厚的福利待遇，总不禁又羡又妒，自叹弗如。 人人都做过高薪美梦，然而对于绝大多数人来说，这个美梦永远也不可能实现。

当然，令人羡慕的高薪并不包括常为人所忽视的精神奖励，而偏偏这种"精神薪资"对个人的工作及自信是极重要的。 一个员工或部属在公司的职位哪怕最低，如果做领导的想使他对目前及将来的工作环境产生好感，那么，"精神薪资"便是不可或缺的因素。

许多公司基于财力的因素，或许无法提供员工较高的薪资，但是"精神薪资"能弥补物质上的不足，帮助他们留住最杰出的下属，使得公司的业务蒸蒸日上。

以下是一个简单的测验，能检测出领导是否给予下属合理的"精神薪资"。 请看下面几个问题，然后按"经常""有时""偶尔"或"从不"来回答。 如果正面回答较少，那么这个领导就得注意管理方法了。

——开会或者其他场合下，是否会给予表现出色的员工书面或口头上的赞扬？ 所谓的赞扬并不是随便讲几句好听的话，而是给予员工应得的衷心赞美。

——是允许部属表达意见、提出报告，或将他们的名字列在报告或备忘录上，还是一手遮天，独揽众人的心血结晶？ 对于表现出色的员工，是否愿让他们共享荣耀？

——是否邀请下属出席重要会议，并鼓励他们在会上发言？ 是否鼓励员工提出个人的意见及构想，甚至鼓励他们提出和领导完全相反的意见？

　　——会花时间和员工聊天，借此与他们建立良好关系吗？是否关心他们下班后有些什么活动，关心些什么，有什么兴趣等？

　　——是否会替下属创造选择任用、旅行、参与新工作目标及任务的机会？ 是否将下属适时地介绍给公司最高层的人员并给予他们向他人学习的机会？

　　——是否会和下属讨论接受培训及提升的机会？ 更重要的是，是否会尽心给予他们这种机会，以满足他们的期望？

　　对于这些问题，如给予了肯定回答，说明你是一个称职的领导，平时注意对员工的精神奖励。 如果做不到这些方面，则应在将来的管理中注意加强。

　　精神奖励是人们的高层次需要，精神利益的满足是促使人们自身能力发展完善的重要动力。 实行精神奖励，能促使人们在愉悦的精神享受中陶冶思想情操，使自己各方面的能力不断丰富、发展。

第五章

高情商管理就要知人善任，奖惩有道

集属下之长，补自己之短

作为企业的管理者，一定要善于发现和挖掘属下的才能，将其优秀的一面加以发挥。当你发现属下似乎都是一群平庸之辈时，一定要警惕，因为此时你可能对人才的理解出现了偏差。真正尽善尽美的人才是不存在的，你需要做的是发现属下的长处，集合众人的长处来弥补自己的短处。现代化管理学主张对人实行功能分析，这里所说的"能"，是指一个人能力的强弱、长短处的综合；这里所说的"功"，就是看这些能力是否可转化为工作成果。

在现实的工作中，我们宁愿使用有缺点的能人，也不重用那些没有缺点的平庸的"完人"。其原因在于用人不同于治病，医生在给病人治病时应当挑出病人的病症所在，即专挑病人的缺点；用人则恰恰相反，首先应该寻找他人的长处，看他适宜干什么，然后再进行分工。对于一个成功的经营管理者来说，要勇于和善于借助外部之力，通过结合众人的优点，使他们发挥各自的智慧和能力，更好地替自己完成工作。

宁用愚人，不用小人

　　每一个领导者在选拔人才、任用人才时，都希望自己所选择的人是德才兼备之人。但在现实中，鱼和熊掌往往不能兼得，此时，领导者应该做出什么样的选择才是最明智的呢？对此，宋代的司马光有一个比较合理的观点：宁用愚人，不用小人。

　　司马光认为，德才兼备的人可以称为圣人，无德无才的人称之为愚人，德胜过才称之为君子，才胜过德称之为小人。在挑选人才时，如果找不到圣人、君子来辅助自己，就应该退而求其次，宁可选择无才无德的愚人也不选择那些才胜过德的小人。究其原因，在于君子利用才干来做善事，而小人则利用才干来做恶事。利用才干做善事，能无善不为；而凭借才干作恶，则无恶不作。愚人即使想作恶，因为没有那个能力所以也不会形成威胁。与此相反，小人的心机足以使他的阴谋得逞，他的力量又足以施展他的暴虐，简直就是如虎添翼，危害无穷。

　　为什么道德要重于才干呢？有人做过这样一个非常生动的比喻："德"就像方向盘，"才"则犹如发动机。没有道德的人才，就像失去了方向盘的汽车，会误入歧途，而发动机马力越大，他的危害也会更大。在中国的历史上，有许许多多的帝王或领导者都是毁在这种有"才"而无"德"的小人手里的。

用合适的人，做合适的事

福布斯集团的老板马孔·福布斯是一个十分善于用人的管理者。在福布斯集团工作，只要你有才干，你就能够被安排在合适的岗位上，让你大显身手。福布斯集团也正是因为用人有方而发展壮大的，有许多事例都说明了这一点。

大卫·梅克是一个才华出众的人，但他的管理风格让很多人无法接受。他对人冷漠，从来不留情面，而且非常严厉。比如，在下属们忙着组稿时，他总会传话说："在这期杂志出版之前，你们中有一个人将被解雇。"听到这话，大家都很紧张。

有一次，有一个员工实在紧张得受不了，就去问大卫·梅克："大卫，你要解雇的人是不是我？"没想到大卫·梅克竟说："我本来还没有考虑谁将被解雇，既然你找上门来，那就是你了。"就这样，那名员工被解雇了。

然而马孔·福布斯恰好看中大卫·梅克的才华和严厉，他将大卫·梅克放在总编辑的位置上。大卫·梅克在任总编辑期间，最大的贡献是树立了《福布斯》"报道真实"的美誉。而在那之前，《福布斯》曾多次被指责报道不真实。

为了保证报道的真实性，大卫·梅克专门让一批助理去核实材料。这些助理必须找出报道中的问题，否则就将被解雇，而且真的有 3 名助理因为没有找到记者报道中的问题而被他解雇。《福布斯》在 20 世纪 60 年代就能够与《商业周刊》《财富》齐名，报道真实正是其最大的竞争优势。

马孔·福布斯用人有方的第二个典型是对列尼·雅布龙的使用。 列尼·雅布龙是一名理财专家，但他又是一个出名的"小气鬼"，如一下班就要求关冷气，死皮赖脸拖欠他人的货款等。

可是马孔·福布斯要的就是他这种小气，理财嘛，不小气怎么行？ 事实证明，列尼·雅布龙在担任总裁期间，开源和节流都做得很好。

英雄不问出处，重在品行

我们都懂得一个道理：出身高贵的人未必德行高尚，出身卑贱的人也未必品行卑劣；出身富贵的人未必知识富有，出身贫贱的人也未必才识拙劣。

英雄不问出处——这是双星集团总裁汪海常说的一句话。在双星，所有员工都是合同工，没有"农民工"和"正式工"之说，全部称"双星员工"，员工在哪个岗位，完全取决于个人能力。出身农村的金伯国初中毕业就外出打工，1992 年进入双星集团工作。因为能力突出，他从一名开炼机操作工一步一步做到车间主任。在当车间主任期间，他打破旧有的管理模式，通过工序合并优化组合等创新手段，为企业创造效益 300余万元。从这个例子中，我们看到了那些出身低微的人依靠自己的能力也能成就一番事业。所以，企业在选拔人才时，不应过分看重学历和出身，但是不是所有出身低微而有能力的人我们都应该重用呢？答案是否定的，在人才的选拔中，德行比才能更加重要。

微软在雇用员工的时候，列在第一位的考察标准就是职业道德。与智能水平和经验等因素相比，微软认为职业道德是最为重要的。"只有雇用到值得信任的员工，我们才会给予其充分的自由度。"

微软公司前副总裁李开复曾面试过一位求职者。这个人在技术、管理方面都相当出色。但是在谈论之余，他表示如果李开复录用他，他甚至可以把在原来公司工作时的一项发明带过来。随后他似乎觉察到这样说有些不妥，特别声明那些工作是他在下班之后做的，他的老板并不知道。这一番谈话之后，李开复就再也不肯录用他。

　　事后李开复说："不论他的能力和工作水平怎样，我都不会录用他，这种人缺乏最起码的职业道德。如果雇用这种不讲信用的人，谁能保证他不会在这里工作一段时间后，把在这里的成果也当作所谓'业余之作'而变成向其他公司讨好的'贡品'呢？"

　　"唯德是举"比起"唯才是举"来说有很大的好处，尽管德才兼备的人是每个企业家孜孜以求的，但是这样的人才毕竟很少。当只能在"德"与"才"之间选择的时候，选择"德"会比选择"才"要稳妥得多。有人会说"唯德是举"容易漏掉一些真正有才华的人，但是一个有才无德的人若占据公司的重要位置，那么他将会给公司带来毁灭性的灾难。

优秀的人才是事业成功的关键

2008 年，比尔·盖茨想要收购雅虎，当媒体询问他"为什么雅虎值 400 亿美元"时，比尔·盖茨的回答令人惊讶："我们看上的并非该公司的产品、广告主或者市场占有率，而是雅虎的工程师。"他表示，这些人才是微软在未来扳倒 Google 的关键。

比尔·盖茨将人才当成公司最重要的财产，他曾说："如果把我们顶尖的 20 个人才挖走，那么，我告诉你，微软就会变成一家无足轻重的公司。"比尔·盖茨认为，一个公司要发展迅速得力于聘用好的人才，特别是聪明的人才。

早在微软公司刚创立的初期，他就努力从熟悉的人中寻找聪明的人才，他亲切地称他们为"聪明的朋友"。 到了后期，因为认识的人有限，他马上开始招聘陌生的聪明人。 即使每年接到全球 12 万份多的求职申请，比尔·盖茨仍不满足，他认为还有许多令人满意的人才没有注意到微软，因而会使微软漏掉一些最优秀的人。 所以，不论世界上哪个角落有他中意的人才，比尔·盖茨都会不惜任何代价将其请到微软公司。

几个真正出色的能人抵得上 1000 个普通的员工，就好比孙悟空一个人就能抵上千的虾兵蟹将。 微软聚集了一大批顶尖级的聪明人，这使得他们在技术开发上一路领先，在经营上运作高超，微软成了全球发展最快的公司之一。

与成熟的企业相比，新创企业只有拥有更快的发展速度和更为出色的产品或服务才有可能获胜。 而获得较快的发展速度和给客户提供较好的产品或服务，就需要优秀人才来决策和实施。 对于创业者而言，人数的多少不重要，最重要的是出色的人才有多少。

工作态度是评价人才优劣的试金石

很多成功的企业家都非常重视员工的工作态度，NTL 公司总裁罗伯特·威尔兹说过："在公司里，员工与员工之间在竞争智慧和能力的同时，也在竞争态度。一个人的态度直接决定了他的行为，决定了他对待工作是尽心尽力还是敷衍了事，是安于现状还是积极进取。"

GE 公司前 CEO 杰克·韦尔奇说过："在工作中，每个人都应该发挥自己最大的潜能，努力地工作而不是浪费时间寻找借口。要知道，公司安排你这个职位，是为了解决问题，而不是听你关于困难的长篇累牍的分析。"

微软公司前董事长比尔·盖茨也说过："如果只把工作当作一件差事，或者只将目光停留在工作本身，那么即使是从事你最喜欢的工作，你依然无法持久地保持对工作的激情。但如果把工作当作一项事业来看待，情况就会完全不同。"

李刚是一家大型滑雪娱乐公司的普通修理工，这家滑雪娱乐公司是全国首家引进人工造雪机在坡地上造雪的大型滑雪娱乐公司。有一天晚上，李刚深夜出去巡夜，看见一台造雪机喷出的全是水，而不是雪，知道是造雪机的水量控制开关和水泵水压开关因为不协调而导致了这种情况。他赶忙跑到水泵坑边，用手电筒一照，发现坑里的水快漫到动力电源的开关口了，若不赶快行动，将会发生动力电缆短路的问题，这种情况将会给公司带来重大损失，甚至可能伤到许多人的性命。

在这种情况下，他不顾个人安危，跳入水泵坑中，控制住了水泵阀门，防止了水的漫延。他又费尽脑汁，穿着全身是水的衣服，把坑里的水排尽，重新启动造雪机开始造雪。当许多同事赶过来帮忙的时候，他已经把问题处理妥当，这时候他浑身颤抖得走不动路了。老板闻讯，连夜把他送入了医院，他才没有落下身体上的伤残。他的英勇行动，为公司减少了大量损失，他因此受到了公司的表扬和嘉奖，并从一名小小的修理工被提拔到了部门经理的位子上。

我们常说"态度决定一切"。如果一个人的工作态度不端正，不自我反省，缺乏责任心，那么他无论如何也不会成功。个人的成功需要一种全心全意的敬业精神，企业发展也需要有敬业精神的员工。所以，把工作态度纳入考核之中是非常必要的。

以人为本，留住那些杰出的人才

人才是企业发展的基石，而那些优秀的人才更是企业成功的关键。能够成就一番事业的企业家往往是那些善于挑选、任用人才的人，他们为了留住一些优秀的人才可谓"不择手段"。微软的创始人比尔·盖茨就经常在全球寻找出类拔萃的人才，并争取过来委以重任。为了让这些人的才能得到充分的发挥，比尔·盖茨甚至会专门为这些人设立一个具体的部门。

无独有偶，联想的创始人柳传志也是这样一个为了留住人才"不择手段"的人。柳传志手下有两员十分优秀的大将——杨元庆和郭为，二人都是难得的人才，而且各有特点，难以互相替代。为了把两人都留在自己的公司，柳传志甚至不惜将自己的公司一分为二，让杨元庆做联想的 PC 的传统业务，让郭为管理 ERP 业务。

后来，柳传志又开始发展房地产业务，而且做得有声有色。柳传志之所以会进军房地产业主要是为了留住陈国栋这个人才。陈国栋在进入联想工作之前是中国人民大学的一个讲师，经常在权威报刊上发表一些经济学文章，还出过一些书，但对于计算机是一窍不通。他之所以到联想工作，是为了学习大企业的管理。最初他投到郭为的门下，在管理联想集团在惠州的工业园区上显示出了比较好的管理能力，引起了柳传志的注意。

不久，陈国栋又负责了联想在深圳的工业大楼"联想科技园"的工程。在当时楼盘供大于求的情况下，联想那座楼的盈利仍然达到 70% ~80% ，租用的价格都比较好，这些都证明陈国栋有很强的理解能力和管理能力。 陈国栋于是提出房地产业是很好的投资项目。 柳传志经过对陈国栋的仔细考察，最终认为他是从事房地产业的人才，于是就特地开拓了房地产这一块让他去发展。

如果是普通的领导者，肯定会认为房地产是自己所不熟悉的行业而轻易地摒弃陈国栋的提议，结果陈国栋必然也会离开联想另寻出路，但柳传志是一个善于用人的人，他大胆地任用了陈国栋。 结果证明柳传志的选择是对的，陈国栋所经营的房地产业为联想赢得了可观的效益。

赏罚分明，方显公平

奖赏是正面强化手段，即对某种行为给予肯定，使之得到巩固和保持；而惩罚则是属于反面进行强化，即对某种行为给予否定，使之逐渐减退。这两种方法，都是领导者驾驭下属时不可或缺的，二者相辅相成，相得益彰。

但具体运用时，领导者又须掌握两者不同的特点，适当加以运用。一般说来，正面强化立足于正向引导，使人自觉地去行动，优越性更多些，应该多用。而反面强化，由于通过威胁恐吓方式进行，容易造成对立情绪，要慎用，可将其作为一种补充手段，但是这种手段也不能被剥离出去。

强化激励，可以获得领导者所希望的行为。但并非任何一种强化激励都能收到理想效果，从时间上来说，如果一种行为和对这种行为的激励之间间隔时间过长，就不能收到好的激励作用，因此要做到"赏不过时"。

对于违反规章制度的行为进行惩罚，也是非常必要的，必须照章办事，该罚一定要罚，该罚多少就罚多少，来不得半点仁慈和宽厚。这是树立领导者权威的必要手段，西方管理学家将这种惩罚原则称之为"热炉法则"，十分形象地揭示出了其内涵。

"热炉法则"认为，当下属在工作中违反了规章制度，就像用手去碰触一个烧红的火炉，一定要让他受到"烫"的处罚。这种处罚的特点在于：

——即时性。一碰到火炉时，立即就会被烫。

——预先示警性。火炉是烧红了摆在那里的，你知道碰触就会被烫。

——适用于任何人。火炉对人不分贵贱亲疏，一律平等。

——彻底贯彻性。火炉对人绝对"说到做到"，绝不是儿戏，吓唬人的。

当领导的必须具备软硬两手，并且实施起来要坚决果断。奖赏是件好事，惩罚虽然会使人痛苦一时，但绝对必要，这样才显得赏罚分明，显示出公平，体现功有奖、过则罚的制度刚性。如果执行赏罚之时优柔寡断，瞻前顾后，就会失去奖惩应有的效力。